Handbuch

der

Preußischen Steuer- und Zoll-Gesetzgebung

mit besonderer Rücksicht

auf den Gebrauch bei den Gerichten

zusammengestellt

von

A. Villaume,
Königlichem Geheimen Ober-Rechnungs-Rathe.

Supplement.

Berlin, 1848.
Verlag von G. Reimer.

Vorwort.

Bei den Fortschritten, welche die Gesetzgebung der letztverflossenen Jahre auszeichnen, ist auch die Abgaben-Verfassung nicht unbetheiligt geblieben. Seit das Handbuch des Verfassers über die preußische Steuer- und Zoll-Gesetzgebung erschien, sind in Bezug auf directe wie auf indirecte Steuern theils wesentlich neue, theils ergänzende oder erläuternde Bestimmungen ergangen, welche eine vollständige Umarbeitung des Werkes gerechtfertigt und herbeigeführt haben würden, wenn es nicht, zunächst im Interesse der Besitzer der älteren Bearbeitung, angemessener erschienen wäre, das seitdem Ergangene und einige ältere, zum Theil erst später veröffentlichte, Bestimmungen in einen besonderen Supplement-Band zusammenzufassen, welcher sich dem Hauptwerke genau anschließt, und wobei, was Anordnung des Stoffes, Form und Grenzen der Mittheilung anlangt, selbstredend die für das Hauptwerk beobachteten Grundsätze maaßgebend geblieben sind. In Verbindung mit diesen Supplementen bildet nunmehr das Ganze eine Bearbeitung der Preußischen Zoll- und Steuergesetze, welche innerhalb der schon in dem Vorworte vom September 1844 angedeuteten Grenzen nicht leicht etwas Wesentliches vermissen lassen, und dem Zwecke um so eher entsprechen dürfte, als bei der neuen Ausgabe der in Breslau erschienenen Ergänzungen und Erläuterungen des Allgemeinen Land-Rechts die Steuer-Gesetzgebung ausgeschlossen bleibt), und andere Sammlungen weil sie nicht bis auf die neueste Zeit reichen, für den currenten Gebrauch nicht mehr genügen, ein praktisches Hülfsbuch in Bezug auf die Steuer-Gesetzgebung mithin zum Bedürfniß geworden ist. Im Uebrigen wird die Benutzung der nachfolgenden Supplemente keine wesentlichen Schwierigkeiten finden, zumal in dem Texte jedesmal auf die betreffende Bestimmung des Hauptwerkes, unter Angabe der Seitenzahl des letzteren, verwiesen ist, und das beigefügte Register sämmtliche in dem Supplement-Bande mitgetheilte Vorschriften in chronologischer Ordnung aufführt.

Potsdam im November 1847.

Der Verfasser.

Allgemeiner Theil.

Seite 10 Note*), **betr. die Unterhaltung der Gefängnisse Seitens der Städte.**

1) R. d. M. d. J. vom 27. Nov. 1843 } J. M. Bl. 1844 p. 47.
R. d. J. M. vom 12. Febr. 1844. }

Zu den von den Stadt-Gemeinden nach der K. O. v 3. Oct. 1821 noch ferner zu erfüllenden Verpflichtungen gehört namentlich auch die Unterhaltung resp. Erweiterung der Justizgefängnisse, so wie die Anlegung der erforderlich werdenden verschlossenen Höfe Darin ändert der Umstand: daß in den Gefängnissen auch Gefangene aus Dorfschaften, welche der Jurisdiction Königlicher Gerichte unterworfen sind, aufgenommen werden — nichts, sondern giebt den Stadtgemeiden nur einen Anspruch auf Zahlung eines Kostenbeitrages Seitens des Fiscus.

2) Bekanntmachung d. J. M. vom 3. December 1846. J. M. Bl. 1846. p. 222.

Durch K. Ordres vom 15. April 1842, 7. August und 5. October 1846 ist genehmigt, daß die den Stadtgemeinden obliegende Verpflichtung zur Unterhaltung der Gefängnisse, auf ihren Antrag unter Zustimmung des F. M. durch besondere Verträge gegen Ueberweisung der Localien und Ueberlassung der Früchte resp. Kosten der Criminal-Gerichtsbarkeit, so wie gegen eine feste jährliche Rente abgelöset werden kann. Nach dem R. d. J. M. vom 6. Mai 1847 (Minist.-Bl. für die gesammte innere Verwaltung 1847 p. 75) ist mittelst K. O. vom 8. Febr. 1847 auch die Ablösung der zuletzt gedachten Renten durch Zahlung des 25fachen Betrages genehmigt.

3) Bekanntmachung des J. M. v. 2. Oktober 1847. J. M. Bl. 1847. p. 293.

Mittelst Kab.-Ordre vom 10. Septbr. 1847 ist für die Verhandlungen, welche die Verträge wegen Befreiung der Städte von der subsidiarischen Verhaftung für die Lasten der Criminal-Gerichtsbarkeit und von der Last der Gefängniß-Unterhaltung betreffen, die Freiheit von Gerichtsgebühren und Stempeln bewilligt.

Seite 13. Allgemeine Befugnisse der Verwaltungsbehörden betreffend.

1) R. d. J. M. vom 25. Febr. 1845. J. M. Bl. 1845. pag. 34.

Ueber die Befugniß der Verwaltungsbehörden allgemeine polizeiliche Anordnungen und Strafbestimmungen zu erlassen resp. über die Auslegung des §. 6 Tit. 13 Th. II. des All. L. R. ist nach Erörterung des Gegenstandes in dem Staatsministerio folgender Beschluß ergangen:

Mit Rücksicht darauf, daß im §. 45 der Verordnung vom 26. Dezember 1808, wegen verbesserter Einrichtung der Provinzial-Polizei- und Finanz-Behörden verordnet ist:

> Auf die von den Regierungen mit höherer Genehmigung in Polizei-Angelegenheiten erlassenen Publicanda sind die Landes-Justiz-Kollegien bei ihren Entscheidungen insofern Rücksicht zu nehmen verbunden, als darin keine härtere Strafe als in den Gesetzen festgesetzt ist,

und daß nach §. 40 daselbst

> die Regierungen zu solchen Polizei-Verfügungen, durch welche etwas im Allgemeinen festgesetzt wird, die Genehmigung der höhern Polizei-Behörde einzuholen haben,

so wie endlich mit Bezug auf den §. 11 der Regierungs-Instruktion vom 23. Oktober 1817, woselbst bestimmt ist:

> Allgemeine Verbote und Straf-Bestimmungen dürfen sämmtliche Regierungen nicht ohne höhere Genehmigung erlassen, es sei denn daß das Gebot schon an sich durch das Gesetz feststeht, in letzterem aber die Strafe nicht ausdrücklich bestimmt ist. In diesem Falle können sie innerhalb der Grenzen des Allgem. Landrechts Th. II. Tit. 20 §§. 33, 35 und 240 die Strafen bestimmen und bekannt machen,

hat das Königl. Staats-Ministerium in seiner Sitzung vom 7. Januar d. J. als unzweifelhaft anerkannt:

> daß die Ausübung des im §. 6. Tit. 13 Thl. II. des Allgem. Landrechts gedachten Majestätsrechts, allgemeine Polizei-Verordnungen zu erlassen, verfassungsmäßig den Verwaltungs-Ministerien in soweit zuständig sei, als dieselben für ermächtigt gehalten werden müssen, polizeiliche Anordnungen und Strafbestimmungen innerhalb der Grenzen der polizeilichen Strafgewalt zu erlassen, und deren Erlaß von Seiten der Regierung zu genehmigen.

Die Gerichtsbehörden sind angewiesen, dergleichen allgemeine Polizei-Verordnungen vorkommenden Falls bei ihren Entscheidungen zu berücksichtigen.

2) Gesetz vom 8. April 1847, die Competenz-Conflicte betr. G. S. 1847 p. 170.

Wir ꝛc. ꝛc. verordnen über das Verfahren bei Competenzkonflikten zwischen den Gerichten und Verwaltungsbehörden, auf den Antrag Unseres Staatsministeriums und nach vernommenem Gutachten Unseres Staatsraths, für den ganzen Umfang der Monarchie, was folgt:

§. 1. Die Entscheidung der Kompetenzkonflikte zwischen den Gerichten und den Verwaltungsbehörden wird einer aus bleibenden Mitgliedern zu bildenden Behörde übertragen, welche unter dem Titel

„Gerichtshof zur Entscheidung der Kompetenzkonflikte“

bestehen soll

1) aus dem Präsidenten des Staatsraths,
2) aus dem Staatssekretair und neun anderen Mitgliedern des Staatsraths, von denen Fünf Justizbeamte, die übrigen Vier aber Verwaltungsbeamte sein müssen. Diese Mitglieder werden von Uns auf den Vorschlag des Präsidenten des Staatsraths ernannt.

§. 2. In rechtskräftig von den Gerichten entschiedenen Sachen kann der Kompetenzkonflikt nicht mehr erhoben werden; eben so wenig findet derselbe noch Statt, wenn in einem Prozesse, bei welchem eine Verwaltungsbehörde als Partei betheiligt ist, die von derselben aufgestellte Präjudizialeinrede der Unzulässigkeit des Rechtsweges rechtskräftig verworfen worden ist.

§. 3. Zur Erhebung des Kompetenzkonflikts sind nur die Central- und die Provinzial-Verwaltungsbehörden befugt. Hält eine untere Verwaltungsbehörde in einer zu ihrer Kenntniß kommenden Rechtssache die Erhebung des Kompetenzkonflikts für erforderlich, so hat sie hiervon sofort der vorgesetzten Dienstbehörde Anzeige zu machen.

§. 4. Die Erhebung des Kompetenzkonflikts erfolgt durch Uebersendung eines darüber abzufassenden motivirten Beschlusses der Verwaltungsbehörde an das Gericht, mit der Erklärung:

daß der Kompetenzkonflikt erhoben werde,

und mit dem Antrage:

das Rechtsverfahren bis zur Entscheidung über denselben einzustellen.

Besteht die Provinzialbehörde, welche den Konflikt erheben will, aus mehreren Abtheilungen, so muß der Beschluß vom Plenum derselben gefaßt werden.

§. 5. Sobald der Konflikt auf diese Weise (§. 4) erhoben ist, stellt das Gericht das Rechtsverfahren durch einen Bescheid, gegen welchen kein Rechtsmittel zulässig ist, einstweilen ein, und fertigt diesen Bescheid, nebst einer Abschrift des Beschlusses der Verwaltungsbehörde, den bei der Sache betheiligten Privatparteien mit dem Eröffnen zu, daß ihnen freistehe, sich binnen einer Präklusivfrist von vier Wochen über den Kompetenzkonflikt schriftlich zu erklären. Eine solche Erklärung muß von einem Rechtsanwalte unterzeichnet sein und nebst einer Abschrift derselben eingereicht werden.

§. 6. Nach dem Eingange der Erklärungen der Parteien läßt das Gericht die Abschriften derselben der Verwaltungsbehörde (§. 4) zustellen und reicht sodann die Akten mit seinem Gutachten dem Justizminister ein.

Ist binnen der vierwöchentlichen Frist (§. 5) keine Erklärung eingegangen, so hat das Gericht hiervon die Verwaltungsbehörde zu benachrichtigen und erst alsdann die Akten an den Justizminister zu befördern.

§ 7. Ist die Sache bei einem Untergericht anhängig, so erstattet dasselbe den gutachtlichen Bericht (§. 6) an das vorgesetzte Landes-Justizkollegium, welches ihn, unter Beifügung seines Gutachtens, dem Justizminister überreicht.

§. 8. Im Bezirke des Apellationsgerichtshofes zu Cöln treten in dem vorstehend (§§. 4—7) angeordneten Verfahren folgende Abweichungen ein.

Wird in einer bei einem Friedensgerichte anhängigen Sache der Kompetenzkonflikt erhoben, so ist der im §. 6. gedachte Bericht von dem Friedensrichter an den Ober-Prokurator des Landgerichts zu erstatten und von diesem alsdann gutachtlich an den Justizminister zu berichten

Ist das Rechtsverfahren bei einem Landgerichte oder bei dem Appellationsgerichtshofe anhängig, so hat die Verwaltungsbehörde das Schreiben, mit welchem sie den Beschluß über die Erhebung des Konflikts mittheilt (§. 4), nicht an das Gericht, sondern an den bei demselben angestellten Ober-Prokurator oder General-Prokurator zu richten, welcher dem Gerichte sofort davon Mittheilung zu machen und, nach Abfassung des gerichtlichen Bescheides, durch den das Rechtsverfahren eingestellt ist (§. 5), alle übrigen, in den §§ 5 und 6 den Gerichten vorgeschriebenen Handlungen vorzunehmen hat.

Dem an den Justizminister zu erstattenden Berichte hat der Ober-Prokurator oder General-Prokurator statt der Gerichtsakten, die von den Parteien einzufordernden Akten derselben, oder wenigstens die Ladung, ferner den Beschluß der Verwaltungsbehörde über die Erhebung des Konflikts (§. 4), den Bescheid des Gerichts (§. 5), die etwa eingegangenen Erklärungen der Parteien und die mit der Verwaltungsbehörde nach §. 6 geführte Korrespondenz beizufügen.

§. 9. Die Provinzial-Verwaltungsbehörde ist verpflichtet, sobald sie von dem Gerichte die Erklärung der Parteien oder die Benachrichtigung empfangen hat, daß dergleichen Erklärungen nicht eingegangen sind (§. 6), unter Ueberreichung der Akten, an den betheiligten Verwaltungschef gutachtlich zu berichten.

§. 10. Der Justizminister sendet die ihm eingereichten gerichtlichen Akten (§ 6. 8), nebst seinen Bemerkungen über den Konflikt, wenn er solche beizufügen für nöthig erachtet, an den im §. 1 genannten Gerichtshof, und setzt davon den betheiligten Verwaltungschef, unter Mittheilung jener Bemerkungen in Kenntniß.

§. 11. Erachtet der Verwaltungschef den von der Provinzialbehörde erhobenen Kompetenzkonflikt für nicht begründet, so hat er davon den Gerichtshof (§. 1) mit der Erklärung, daß der Antrag auf Einstellung des Rechtsverfahrens zurückgenommen werde, zu benachrichtigen. Der Gerichtshof sendet alsdann die Akten dem Justizminister zurück, und dieser veranlaßt den Fortgang des Rechtsverfahrens

§. 12. Hält dagegen der Verwaltungschef den Kompetenzkonflict für begründet, so steht ihm frei, dem Gerichtshofe auch seine Bemerkungen zu übersenden; er hat dieselben aber dann auch dem Justizminister mitzutheilen.

§. 13. Die bei dem Gerichtshofe eingegangenen gerichtlichen Akten (§ 10) werden dem Referenten zugestellt, sobald entweder eine Erklärung des betheiligten Verwaltungschefs eingegangen, oder eine achtwöchentliche Frist seit dem Tage verflossen ist, an welchem der Verwaltungsbehörde die zuletzt eingegangene Erklärung der Parteien, oder das Benachrichtigungsschreiben des Gerichts, daß keine solche Erklärungen eingegangen sind (§. 6), zugestellt worden ist.

§ 14. Die Entscheidung des Gerichtshofes erfolgt auf den schriftlichen Vortrag eines Referenten und eines Korreferenten. Zum Referenten kann einer der beim Staatsrathe angestellten Geheimen Referendarien oder kommissarischen Hülfsarbeiter ernannt werden; ein Stimmrecht steht jedoch einem solchen Referenten nicht zu.

§. 15. Zur Abfassung gültiger Erkenntnisse des Gerichtshofes ist die Theilnahme von wenigstens sieben Mitgliedern, mit Einschluß des Vorsitzenden, erforderlich.

§. 16. Der Justizminister, so wie jeder der betheiligten Verwaltungschefs ist befugt, zu den Berathungen des Gerichtshofes einen Rath seines Departements abzuordnen, welcher nöthigenfalls über die Sache nähere Auskunft zu geben hat, an der Entscheidung aber nicht Theil nimmt.

§. 17. Das Erkenntniß des Gerichtshofes ist mit den Entscheidungsgründen unter der Unterschrift des Vorsitzenden auszufertigen, und dem Justizminister, sowie dem betheiligten Verwaltungschef zur Mittheilung an das Gericht und die Verwaltungsbehörde zuzustellen. Das Gericht hat den Parteien das Erkenntniß bekannt zu machen. Die Veröffentlichung solcher Erkenntnisse bleibt dem Ermessen des Justizministers, sowie der Verwaltungschefs überlassen.

§. 18. Ist die Entscheidung (§. 17) gegen die Zulassung des Rechtsweges ausgefallen, so hat das Gericht das Rechtsverfahren aufzuheben, die gerichtlichen Kosten niederzuschlagen, und die etwa schon bezahlten zu erstatten. Zur Erstattung außergerichtlicher Kosten ist in einem solchen Falle keine der Parteien verpflichtet.

§. 19. Durch Erhebung des Kompetenzkonflikts wird der Lauf der Präklusivfristen im Prozesse gehemmt, auch ist die Exekution bis zur Entscheidung über den Kompetenzkonflikt, unzulässig.

§. 20. Der im §. 1 angeordnete Gerichtshof hat auch über solche Streitigkeiten zwischen den Gerichts- und Verwaltungsbehörden zu entscheiden, bei welchen eine jede der beiden Behörden sich in der Sache für inkompetent, und dagegen die andere für kompetent hält.

§. 21 Den Verwaltungsbehörden sind in den vorstehenden Bestimmungen (§§ 1 bis 20) die Auseinandersetzungsbehörden gleich zu achten.

§. 22. Alle bei Publikation dieses Gesetzes noch nicht entschiedenen Kompetenzkonflikte werden dem im §. 1 angeordneten Gerichtshofe zur Entscheidung überwiesen. Die Vorschriften der §§. 5—13 finden jedoch nur auf diejenigen von diesen Sachen Anwendung, in welchen die Akten bei dem Justizminister noch nicht eingegangen sind.

§. 23. Alle diesem Gesetze entgegenstehende Vorschriften werden hiermit aufgehoben.

Seite 15. **Verordnung wegen executivischer Beitreibung der directen und indirecten Steuern und anderer öffentlicher Abgaben und Gefälle in der Provinz Westphalen vom 30. Juni 1845.** G. S. 1845. p. 444.

Wir ꝛc. ꝛc. haben, zur Herstellung eines gleichmäßigen, möglichst einfachen Verfahrens bei Einziehung der direkten und indirekten Steuern und anderer öffentlichen Gefälle in der Provinz Westphalen, eine Revision der darüber seither bestandenen Vorschriften veranlaßt, und verordnen nunmehr, nach Anhörung Unserer getreuen Stände, auf den Antrag unseres Staatsministeriums, für die gedachte Provinz, was folgt:

Allgemeine Grundsätze. *)

§. 1. Nach den Vorschriften dieser Verordnung sind fortan beizutreiben:

1) die direkten Steuern, namentlich die Grund-, Klassen- und Gewerbesteuer, so wie diejenigen Abgaben, welche nach §. 11 des Gesetzes über die Einrichtung des Abgabenwesens vom 30. Mai 1820, als auf einem speciellen Titel beruhend, zu entrichten sind; desgleichen die für Staats-, Provinzial-, Kreis-, Kommunal-, Kirchen- oder Schulzwecke ausgeschriebenen Beischläge zu diesen Steuern;

---

*) Zur Ausführung dieser Verordnung erging mittelst Rescriptes der Minister. des Königl. Hauses, des Innern und der Finanzen vom 15. Juli 1845 eine Instruktion für die Provinzialbehörden von demselben Tage (Centr.-Bl. 1845 p. 207), aus welcher die hier in Betracht kommenden Vorschriften in den Noten zu den betreffenden §§. mitgetheilt sind.

2) die bei dem Grundsteuerkataster vorkommenden Fortschreibungs-, Vermessungs- und anderen Gebühren, deren Einziehung durch die Steuer-Verwaltung erfolgt;
3) die für die Provinzial-Feuersozietätskasse zu erhebenden Brandversicherungsbeiträge;
4) die indirekten Steuern, die Salzablösungsgelder, die Blei- und Zettelgelder, die Wege-, Brücken-, Fähr-, Waage- und Krahngelder, die Kanal-, Schleusen-, Schiffahrts- und Hafenabgaben und die Niederlagegelder;
5) die von den Verwaltungsbehörden innerhalb der Grenzen ihrer Amtsbefugnisse ausgesprochenen Geldstrafen, Kosten und Entschädigungen;
6) diejenigen öffentlichen Abgaben, welche an Gemeinen, Korporationen, so wie an ständische Kassen zu entrichten, oder als Provinzialbezirks- oder Gemeinelasten, oder zur Unterhaltung öffentlicher Anstalten aufzubringen sind, als: Kommunal-, Kirchen-, Schul- und Armenabgaben;
7) die Gebühren der Bezirks-Impfärzte für die in den öffentlich bekannt gemachten Terminen vorgenommenen Impfungen;
8) die in Folge von Gemeinheitstheilungen und Ablösungen entstehenden, von der Generalkommission festgesetzten Kosten und Gebühren;
9) die Domanial- und Forstgefälle, sofern sie ohne vorgängige gerichtliche Klage auf Grund bloßer Zahlungsbefehle beigetrieben werden können.

§. 2.*) Das Zwangsverfahren wird von den mit der Erhebung der Steuern oder Gefälle beauftragten Behörden oder Beamten angeordnet und unter ihrer Leitung durch die ihnen beigegebenen Exekutoren oder diejenigen Beamten, deren sie sich als solcher zu bedienen haben, ausgeführt. Einer gerichtlichen Visirung oder Vollstreckbarerklärung der von den Verwaltungsbeamten ausgehenden Exekutionsbefehle bedarf es überall nicht.

§. 3. Ueber die Verbindlichkeit zur Entrichtung der geforderten Abgaben und die Befugniß zur Anordnung des eingeleiteten Zwangsverfahrens findet der Rechtsweg, wo er bisher zulässig war, auch ferner Statt.

Wegen vermeintlicher Mängel des Verfahrens, dieselben mögen die Form der Anordnung oder die der Ausführung, oder die Frage, ob die abgepfändeten Sachen zu den pfändbaren gehören? betreffen, ist dagegen nur die Beschwerde bei der vorgesetzten Dienstbehörde des Beamten zulässig, dessen Verfahren angefochten wird.

---

*) zu §§. 2 und 3. Dem Prov.-Steuer-Direktor steht, wenn er sich der Exekutoren der Regierung bedient, auch das Recht zu, die etwanigen Dienstvergehungen derselben nach dem Gesetz vom 29. März 1844 disciplinarisch zu rügen, er hat aber der betreffenden Regierung davon Anzeige zu machen. Das Verfahren wegen unfreiwilliger Entlassung eines solchen Exekutors verbleibt aber der Regierung. (§. 1 d. Instr. v. 15. Juli.)

§ 4. Die Exekutoren müssen bei ihren amtlichen Verrichtungen den empfangenen schriftlichen Auftrag bei sich führen und dem Schuldner auf Verlangen vorzeigen.

Ihre amtlichen Verhandlungen und Anzeigen haben in soweit, als sie sich auf die ihnen übertragene Einziehung der Gefälle beziehen, bis zum Beweise des Gegentheils vollen Glauben.

§. 5.*) Die Einleitung des Zwangsverfahrens kann sofort nach Ablauf der gesetzlich feststehenden oder den Schuldnern besonders bekannt gemachten Zahlungstermine Statt finden.

§. 6. An denjenigen Tagen, an welchen, nach gesetzlicher Vorschrift, Amtshandlungen der Behörden und einzelner Beamten nicht verrichtet werden sollen, darf kein Exekutionsakt vorgenommen werden, eben so wenig gegen Juden am Sabbath und an jüdischen Festtagen.

Während der Saat- und Erndtezeit dürfen gegen Personen, welche sich mit der Landwirthschaft beschäftigen, Exekutionen nur wenn Gefahr im Verzuge ist, eingeleitet, fortgesetzt und ausgeführt werden.

Für die Saat werden im Frühjahre und Herbst jedesmal vierzehn Tage, für die Erndte vier Wochen in derjenigen Jahreszeit, in welche nach der Oertlichkeit Saat und Erndte hauptsächlich zu fallen pflegen, freigelassen.

§. 7.**) Bei der Exekutionsvollstreckung gegen aktive Militairpersonen und pensionirte Offiziere sind die über die vorherige Benachrichtigung der kompetenten Militairbehörde und über die Exekutionsvollstreckung in Kasernen oder andern zu demselben Zweck bestimmten Dienstgebäuden bestehenden allgemeinen Vorschriften zu beobachten.

---

*) Für die Stundung und den Nachlaß der Steuern bleibt die Vorschrift in der Geschäftsanweisung vom 31. December 1825 maaßgebend. §. 2. l. c.

Ob und wie lange bei außerordentlichen Unglücksfällen, z. B. bei Feuersbrünsten, Hagelschlägen rc. die Exekution auszusetzen sei, ist nach den Umständen zu beurtheilen. § 3. l. c.

**) Die Exekutionsvollstreckung gegen aktive Militairpersonen und pensionirte Offiziere muß von der Regierung oder dem Provinzial-Steuer-Direktor unmittelbar verfügt werden. Diese Behörden haben zunächst zu erwägen, ob die Rückstände durch Kürzung der Besoldung oder Pension beigetrieben werden können, und deshalb das nach §. 34 der Verordnung Erforderliche einzuleiten.

Nur wenn diese Maaßregel in einzelnen Fällen unzulässig erscheint, können die gedachten Behörden zur Exekutionsvollstreckung schreiten. Derselben muß jedoch allemal eine Benachrichtigung desjenigen Militair-Gerichts vorangehen, von welchem die Paritionsordre an die Militairperson zu erlassen ist. (Allerhöchste Kabinets-Ordre vom 4. Juni 1822, Gesetzsammlung von 1822, Seite 209, u. Allerhöchste Kabinets-Ordre vom 9. Januar 1823, Gesetzsammlung von 1823, Seite 18)

Gegen die in Kasernen oder ähnlichen Gebäuden wohnenden dienstthuenden Offiziere, Unteroffiziere und Gemeinen, so wie gegen die daselbst wohnenden pensionirten Offiziere dürfen exekutivische Maaßregeln nur durch die Requisition des Militairgerichts und nur dann vorgenommen werden, wenn nach §. 12 Litt. h

Mahnung und Exekutions-Ankündigung.

§. 8. Vor Vollstreckung der Exekution muß jeder Schuldner durch einen, von dem mit der Erhebung beauftragten Beamten auszufertigenden und von dem Exekutor auszugebenden Mahnzettel aufgefordert werden, die darin speziell verzeichneten Rückstände binnen 8 Tagen einzuzahlen, widrigenfalls zur Pfändung oder zu andern zulässigen Zwangsmitteln werde geschritten werden.

§. 9. Zu diesem Behufe werden dem Exekutor die ausgefertigten Mahnzettel nebst einem, mit der schriftlichen Anweisung zur Mahnung versehenen und von dem betreffenden Kassenbeamten vollzogenen Verzeichnisse der anzumahnenden Schuldner und ihrer Rückstände (Restenverzeichnisse) übergeben. Der Exekutor muß jeden Mahnzettel dem Schulder selbst oder einem erwachsenen Familiengliede oder Hausgenossen desselben behändigen und, wie solches geschehen, unter Angabe des Namens Desjenigen, dem der Zettel zugestellt worden, und des Tages der Behändigung in dem Mahnzettel und dem Restenverzeichnisse bescheinigen.

Diejenigen Mahnzettel, deren Annahme verweigert wird, oder deren Behändigung wegen Abwesenheit der vorgedachten Personen nicht bewirkt werden kann, hat der Exekutor an die Haus- oder Stubenthür des Schuldners anzuheften. Die achttägige Frist wird in diesem Falle von dem Tage gerechnet, an welchem der Exekutor die Mahnzettel angeheftet hat.

Exekution; verschiedene Arten der Zwangsmittel.

§. 10. Nach Ablauf der achttägigen Frist sind, wegen der alsdann noch verbliebenen Rückstände an Abgaben und Mahngebühren, die gesetzlichen Zwangsmittel anzuwenden. Diese sind:

a. die Pfändung,
b. die Beschlagnahme der Früchte auf dem Halme,
c. die Beschlagnahme der ausstehenden Forderungen,
d. die Subhastation.

Die Subhastation der Grundstücke des Schuldners darf nur in dem Falle, wenn auf andere Weise keine Zahlung zu erlangen ist, veranlaßt werden.

Die Anwendung der übrigen Zwangsmittel ist gleichzeitig zulässig, in der Regel muß jedoch zunächst die Pfändung und nöthigenfalls

---

der Verordnung und §. 8. Litt. c. der Instruktion die Exekution in das Mobiliar derselben zulässig ist (Allerhöchste Kabinets-Ordre vom 8. November 1831, Gesetzsamml. v. 1831, Seite 250, und Allerhöchste Kabinets-Ordre vom 4. Januar 1833, Gesetzsammlung vom 1833, Seite 3). Der Requisition des Militairgerichts bedarf es aber in diesen Fällen nur dann, wenn die exekutivische Maaßregel in der Kaserne oder dem Dienstgebäude selbst vollstreckt werden soll, wogegen diejenigen exekutionsfähigen Gegenstände einer in der Kaserne wohnenden Militairperson, welche sich außerhalb des Dienstgebäudes befinden, ohne Mitwirkung des Militairgerichts, bloß nach vorgängiger Benachrichtigung desselben, in Beschlag genommen werden können.

die Beschlagnahme der Früchte auf dem Halme vorgenommen werden. —

Pfändung.

§. 11. Die Pfändung darf nur auf den Grund eines, von dem Kassenbeamten ausgefertigten Pfändungsbefehls vorgenommen werden. Kraft desselben ist der Exekutor befugt, die im Besitze des Schuldners befindlichen pfandbaren beweglichen Sachen, imgleichen die Früchte auf den von dem Schuldner benutzten Grundstücken in Beschlag zu nehmen.

§. 12.*) Von der Pfändung sind ausgeschlossen:

a. die für den Schuldner, seine Ehefrau und seine bei ihm lebenden Kinder und Eltern nach ihrem Stande unentbehrlichen Betten, Kleidungsstücke und Leibwäsche, so wie das zur Wirthschaft unentbehrliche Haus- und Küchengeräthe;

b. eine Milchkuh oder, in deren Ermangelung, zwei Ziegen, nebst dem zum Unterhalte und zur Streu der freizulassenden Thiere erforderlichen Futter und Stroh für einen Monat;

---

*) Hinsichtlich der, der Pfändung nicht unterworfenen Gegenstände ist Nachstehendes zu berücksichtigen:

a. Alle Gegenstände, welche der Pfändung unzweifelhaft nicht unterliegen, müssen immer freigelassen, Gegenstände, deren Pfändbarkeit zweifelhaft ist, dagegen in Beschlag genommen werden, wenn andere taugliche Pfandstücke in hinreichender Anzahl nicht vorhanden sind. Der Exekutor muß in solchem Falle die etwaigen Einwendungen des Schuldners in dem Pfändungsprotokolle oder einem Anhange zu demselben vermerken, und der Erhebungs-Beamte demnächst bestimmen, ob die Sachen freizugeben oder zu veräußern sind. Gegen die Entscheidung des Erhebungs-Beamten ist zwar eine Beschwerde bei dem Landrathe zulässig, dieselbe muß aber so zeitig angebracht werden, daß ersterem vor dem zum Verkauf bestimmten Termine ein Verbot zugehen kann.

b. (zu Lit. a—g.) Was zum unentbehrlichen Wirthschaftsbedarf gehört, läßt sich nicht im Allgemeinen bestimmen, sondern nur nach den obwaltenden Umständen, dem Umfange und der Art der Wirthschaft, der Größe der Familie rc. in jedem einzelnen Falle beurtheilen. Dem Exekutor bleibt es in zweifelhaften Fällen überlassen, sich hierbei der Hülfe eines Sachverständigen zu bedienen. Insbesondere muß sich derselbe in dem, §. 12. Lit. g. der Verordnung gedachten Falle, durch Vernehmung mit dem Ortsvorstande oder andern Sachverständigen, darüber Gewißheit verschaffen, welche Gegenstände der Wirthschaft entzogen werden können, und wie solches geschehen, in dem Pfändungs-Protokolle vermerken. Uebrigens kommt die Vorschrift Lit. g. bei allen Landwirthen, ohne Rücksicht auf den Umfang und Ertrag der Landwirthschaft und das anderweite Einkommen der Besitzer, zur Anwendung.

c. in dem Lit. i. gedachten Falle darf die Abpfändung, nach vorgängiger Erwirkung einer Paritionsordre, nur erfolgen, wenn die Militairperson Gegenstände der bezeichneten Art zu besitzen einräumt, die Herausgabe derselben jedoch verweigert. Der Schuldner muß daher darüber, ob er dergleichen Sachen besitze, zuvörderst vernommen werden. §. 8. l. c.

c. der einmonatliche Bedarf an Brod, Getreide, Mehl und andern nothwendigen Lebensbedürfnissen für den Schuldner und seine Familie;
d. ein zum Heizen und Kochen bestimmter eiserner Ofen;
e. bei Künstlern und Handwerkern und Tagelöhnern die zur Fortsetzung ihrer Kunst, ihres Gewerbes und ihrer Handarbeiten erforderlichen Werkzeuge und anderen Gegenstände, mit der in dem Gewerbesteuergesetze vom 30. Mai 1820, §. 35 vorgeschriebenen Maaßgabe;
f. die Bücher, welche sich auf das Gewerbe des Gepfändeten beziehen, so wie die Maschinen und Instrumente, welche zum Unterrichte oder zur Ausübung einer Wissenschaft und Kunst gehören, bis zu einem Werthe von 80 Rthlrn. und nach der Wahl des Gepfändeten;
g. bei Personen, welche Landwirthschaft betreiben, das hierzu nöthige Geräth, Vieh und Feldinventarium, der nöthige Dünger, so wie das bis zur nächsten Erndte erforderliche Saat- und Futtergetreide;
h. bei Militair- und Civilbeamten die zur Verwaltung ihres Dienstes erforderlichen Gegenstände, ingleichen anständige Kleider und Wäsche, welche auch den pensionirten Beamten und Militairpersonen zu belassen sind;
i. das Mobiliar dienstthuender Offiziere, Unteroffiziere und Soldaten, welches sich an dem Garnisonorte derselben befindet, ingleichen das Mobiliar der mit Pension zur Disposition gestellten Offiziere, welches sich an dem Orte befindet, der ihnen zum Genuß des Servises angewiesen ist, sofern sie sich daselbst aufhalten.

Geldwerthe Papiere, baares Geld, Schaumünzen, Juwelen und Kleinodien sind von der Pfändung nicht ausgenommen.

§. 13. Gegen die Pfändung kann sich der Schuldner nur schützen, wenn derselbe entweder:

a. die vollständige Berichtigung der beizutreibenden Summe durch Quittungen oder Vorlegung eines Postscheines sofort nachweist, oder
b. eine Fristbewilligung der kompetenten Behörde vorzeigt, oder aber
c. zur Abführung der beizutreibenden Summe und Bezahlung der Exekutionskosten sogleich bereit und im Stande ist.

In diesem letzten Falle, so wie in dem Falle, wenn der Schuldner einen Theil seiner Schuld sofort abtragen will, muß die abzuführende Summe in Gegenwart des Exekutors verpackt und unter der Adresse des Erhebungs-Beamten zur Post befördert oder dem Ortsvorstande zur weitern Beförderung übergeben werden.

An den Exekutor dürfen keine Zahlungen, selbst nicht für Exekutionskosten, geleistet werden; die Schuldner haben dasjenige, was an diesen gezahlt ist, bei etwaiger Nichtablieferung noch einmal zu entrichten.

§. 14.*) Die Pfändung selbst wird in der Art bewirkt, daß der Exekutor von den vorhandenen pfändbaren Gegenständen eine zur Deckung der beizutreibenden Summe und der Exekutionskosten nach seinem Ermessen hinreichenden Betrag in Beschlag nimmt und sicherstellt; und zwar zunächst diejenigen Gegenstände, welche am leichtesten transportirt und veräußert werden können.

Der Schuldner ist, nachdem ihm der Pfändungsbefehl vorgelegt worden, verpflichtet, seine Effekten und Habseligkeiten vorzuzeigen und zu dem Ende seine Wohnungs- und anderen Räume, so wie die darin befindlichen Behältnisse zu öffnen.

Auch Sachen, welche angeblich dritten Personen gehören, müssen, in Ermangelung anderer tauglicher Pfandstücke, in Beschlag genommen und die angeblichen Eigenthümer mit ihrem Anspruche an die Behörde, von welcher der Pfändungsbefehl ausgegangen ist, verwiesen werden.

§. 15 Sachen, welche auf das Andringen anderer Gläubiger bereits gepfändet worden, sind nur in Ermangelung anderer tauglicher Pfandstücke, durch Anlegung eines Superarrestes, mit Beschlag zu belegen. Dies geschieht in der Art, daß der Exekutor den etwa angelegten Siegeln sein Amtssiegel beifügt und dem Schuldner oder dem etwa bestellten Verwahrer eröffnet, daß die Pfandstücke für die Behörde, von der er seinen Auftrag erhalten, gleichfalls in Beschlag genommen seien.

Der Behörde, auf deren Verfügung die frühere Pfändung Statt gefunden, ist die Anlegung des Superarrestes anzuzeigen; dieselbe ist gehalten, den Verkauf der Pfandstücke möglichst zu beschleunigen, auch der Behörde, die den Superarrest hat anlegen lassen, den Verkaufstermin bekannt zu machen und darauf zu sehen, daß beide Forderungen, nämlich diejenige,

wegen welcher zuerst die Exekution vollstreckt,

und diejenige,

wegen welcher später der Superarrest angelegt ist,

aus dem gelöseten Kaufgelde nach der gesetzlichen Ordnung befriedigt werden.

Findet der Verkauf nicht Statt, so dürfen die Pfandstücke nur mit Genehmigung der Behörde, in deren Auftrag der Superarrest angelegt worden ist, freigegeben werden.

§. 16. Bei der Pfändung ist die Zuziehung des Ortsvorstandes, eines oder mehrerer Gemeine- oder Polizeibeamten, oder zweier unbescholtener Männer nur dann erforderlich:

a. wenn der Schuldner zu der Zeit, da die Pfändung vorgenommen werden soll, sich entfernt hat,

---

*) Sobald eine zur Deckung der sicher zu stellenden Summe hinreichende Anzahl tauglicher Pfandstücke zusammengebracht ist, muß der Exekutor von jedem weiteren Verfahren abstehen, und darf insbesondere die Oeffnung der Wohnungs- und anderen Räume, so wie der darin befindlichen Behältnisse nicht weiter verlangen. §. 9. l. c.

b. wenn den Anordnungen des Exekutors wegen Oeffnung der Wohnungsräume ꝛc. keine Folge gegeben oder ihm thätlicher Widerstand geleistet wird.

In Gegenwart der obgedachten Personen kann die Pfändung nöthigenfalls mit Gewalt vorgenommen werden. Ist der Widerstand auch auf diesem Wege nicht zu beseitigen, so muß der Exekutor davon der Behörde, in deren Auftrage er handelt, Anzeige machen, diese aber das Erforderliche wegen der dem Exekutor zu gewährenden Hülfe nach den hierüber bestehenden Gesetzen veranlassen.

§. 17.*) Abgepfändete baare Gelder und auf jeden Inhaber lautende Papiere müssen, wenn die Kasse sich nicht am Orte selbst befindet, von dem Exekutor in Gegenwart des Schuldners oder der bei der Pfändung zugezogenen Personen verpackt und unter der Adresse des Kassenbeamten zur Post befördert, oder dem Ortsvorstande, der zur Annahme und weiteren Beförderung verpflichtet ist, übergeben werden.

Andere Gegenstände sind bis zu deren Versteigerung dem Schuldner gegen das Versprechen, für deren Aufbewahrung zu sorgen, und unter Verweisung auf die Strafen der Vereitelung der Pfändung zu belassen.

Nur bei Unzuverlässigkeit des Schuldners sind die gepfändeten Sachen einem zahlungsfähigen Gemeinemitgliede oder dem Ortsvorstande zur Aufbewahrung zu übergeben.

Werden Sachen, deren Benutzung ohne Verbrauch nicht möglich ist, nach stattgefundener Pfändung in der Wohnung des Schuldners belassen, so sind solche, so weit es nach den Umständen geschehen kann, gegen fernere Benutzung Seitens des Schuldners durch Verschließung und Versiegelung sicher zu stellen.

§. 18.**) Ueber den Hergang bei der Pfändung muß der Exekutor an Ort und Stelle eine Verhandlung aufnehmen, und solche nicht nur selbst unterschreiben, sondern auch von dem Schuldner oder dessen Stellvertreter und allen bei der Pfändung zugezogenen Personen unterschreiben lassen, oder aber den Grund der fehlenden Unterschriften vermerken.

Der Exekutor muß zugleich den Schuldner nochmals zur Zahlung der Rückstände mit dem Bedeuten auffordern, daß, wenn solche nicht geleistet werden sollte, an dem von ihm sofort zu bestimmenden Tage zum Verkaufe der Pfandstücke geschritten werden würde.

Dem Schuldner, so wie Demjenigen, dem die gepfändeten Sachen etwa in Verwahrung gegeben sind, ist von dem Exekutor so-

---

*) Wenn, nach dem Schlusse des §. 17 der Verordnung, eine Versiegelung erforderlich erscheint, so ist solche von dem Exekutor mit dessen Amtssiegel zu bewirken. §. 11. l. c.

**) Ueber die etwa stattgefundene Widersetzlichkeit des Schuldners muß immer eine besondere Verhandlung aufgenommen und den betheiligten Personen, welche dabei gegenwärtig gewesen sind, zur Unterschrift vorgelegt werden. §. 12. l. c.

fort eine Abschrift des Pfändungsprotokolls mitzutheilen und, wie solches geschehen, in diesem zu bemerken.

Die Aufnahme einer Verhandlung ist auch dann erforderlich, wenn bei dem Schuldner keine pfändbaren Gegenstände vorgefunden sind.

§. 19. Handlungen, durch welche eine im Verwaltungswege bewirkte Pfändung beweglicher Sachen vereitelt wird, sollen eben so bestraft werden, wie diejenigen, durch welche eine gerichtliche Pfändung vereitelt wird.

Verkauf der abgepfändeten Sachen.

§. 20. Nach Ablauf einer vom Tage der vollzogenen Pfändung an zu rechnenden vierzehntägigen Frist ist, wenn inzwischen keine Zahlung erfolgt, und keine Eigenthumsansprüche Dritter rechtzeitig angemeldet und bescheinigt worden sind, der öffentliche Verkauf der abgepfändeten Sachen von dem Erhebungsbeamten durch eine unter das Pfändungsprotokoll zu setzende schriftliche Verfügung an dem in dem Protokolle schon bestimmten Termine anzuordnen. Die Anordnung eines früheren Verkauftermins ist auch ohne Einwilligung des Schuldners zulässig, wenn die abgepfändeten Sachen dem Verderben unterworfen sind, oder in der Behausung des Schuldners wegen dessen Unzuverlässigkeit nicht belassen, anderweitig aber nur gegen unverhältnißmäßig hohe Kosten untergebracht werden können. Der Verkaufstermin ist jedoch auch in diesem Falle nicht unter acht Tagen zu bestimmen (§. 21) und der Schuldner vorher davon zu benachrichtigen.

§ 21.*) Dritte Personen, welche auf die gepfändeten Sachen Eigenthumsansprüche haben, müssen diese, ohne Unterschied, ob sie bei der Pfändung angemeldet worden sind oder nicht, binnen acht Tagen nach Bekanntmachung des Verkaufstermins bei der Behörde, von welcher die Pfändung angeordnet worden, unter Vorlegung oder Angabe der Titel, worauf sie sich gründen, bescheinigen.

---

*) Bei Ausführung des §. 21 ist Nachstehendes zu beobachten:

1) Werden innerhalb der achttägigen Frist Eigenthumsansprüche angemeldet, welche bei der Pfändung nicht angezeigt worden sind, so kommt es darauf an, ob, nach der von dem Exekutor zu erforderndεn Auskunft, bei dem Schuldner andere genügende Pfandstücke in Beschlag genommen werden können, oder dies nicht angeht.

a. In dem ersten Falle muß der Erhebungsbeamte die Freigebung der angesprochenen Sachen und die anderweite Beschlagnahme genügender Pfandstücke, um alle Weiterungen abzuschneiden, sofort verfügen. (Vergl. § 15 der Verordnung.)

b. In dem zweiten Falle, so wie, wenn Eigenthumsansprüche schon bei der Pfändung angemeldet worden sind, muß der Erhebungs-Beamte darüber, ob die Freigebung der abgepfändeten Gegenstände erfolgen oder der angebliche Eigenthümer zum Rechtswege verwiesen werden soll, ohne Zeitverlust an die vorgesetzte Behörde berichten.

Wird der Anspruch nicht bescheinigt, so behält der Verkauf seinen Fortgang; ist aber eine Bescheinigung beigebracht, so ist, nach Befinden der Umstände, die Freigebung der Sachen zu veranlassen oder der angebliche Eigenthümer durch eine schriftliche Verfügung zum Rechtswege zu verweisen. In dem letztern Falle muß die Anmeldung der Klage drei Wochen nach der Zustellung der Verfügung nachgewiesen werden, widrigenfalls mit dem Verkaufe der Sachen vorgeschritten wird.

§. 22. Sollten andere Gläubiger des Schuldners ein Vorzugsrecht vor der öffentlichen Kasse, in deren Interesse die Pfändung geschehen ist, behaupten, so darf der Verkauf der abgepfändeten Sachen dieserhalb niemals ausgesetzt, den Gläubigern muß vielmehr überlassen werden, ihr vermeintliches Vorrecht auf das Kaufgeld geltend zu machen.

Eben so müssen dann, wenn die auf Andringen anderer Gläubiger gepfändeten Sachen auf Antrag dieser Gläubiger verkauft worden sind, die bestrittenen Vorrechte der öffentlichen Kasse für die rückständigen Abgaben und Gefälle auf das Kaufgeld geltend gemacht werden.

§. 23. Die Abhaltung des Verkaufes muß durch den Exekutor auf dem Marktplatze oder an einem andern öffentlichen Orte der Gemeine, wo die Pfändung stattgefunden, geschehen. Es bleibt jedoch dem Beamten, welcher die Einleitung des Zwangsverfahrens angeordnet hat, unbenommen, den Exekutor bei dem Verkaufe, so wie bei der Pfändung, zu beaufsichtigen und zu leiten, und deshalb bei diesem Exekutionsakte gegenwärtig zu sein.

Es können dem Exekutor zu diesem Zwecke auch andere Beamte beigegeben werden.

Verspricht der Verkauf an einem benachbarten Orte eine vortheilhaftere Versilberung der Pfandstücke, ohne die Transportkosten unverhältnißmäßig zu vermehren, so ist dieser anzuordnen.

Der Verkauf in der Behausung des Schuldners ist nur dann nachzugeben, wenn nicht ohne Verwendung bedeutender Kosten der Verkauf anderswo auszuführen ist.

§. 24. Der Verkaufstermin muß spätestens acht Tage vorher durch Ausruf oder Anschläge öffentlich bekannt gemacht werden. Ersterer kann später noch wiederholt werden.

Haben die in demselben Termine zu versteigernden Gegenstände zusammen einen Werth von mindestens funfzig Thalern, so muß die Bekanntmachung auch durch die öffentlichen Blätter des Orts, wo

---

2) Bei einer verspäteten Anmeldung und Bescheinigung der Eigenthums-Ansprüche ist der Verkauf der angesprochenen Sachen nach der Verordnung zwar zulässig, aber nicht unbedingt vorgeschrieben. Auch verspätete Anmeldungen müssen daher, soweit dies ohne Nachtheil des Fiskus geschehen kann, so lange berücksichtigt werden, als die Aussetzung oder Wiederaufhebung des Verkaufstermins möglich ist. Der weitere Betrieb der Sache ist sodann nach dem zu 1. Bemerkten zu leiten. §. 13. l. c.

der Verkauf stattfinden soll, oder, wenn daselbst keine solche Blätter erscheinen, durch die eines zunächst belegenen Ortes erfolgen. Noch andere Arten der Bekanntmachung, als die vorgeschriebenen, können veranlaßt werden, wenn die Behörde, welche das Zwangsverfahren betreibt, solche angemessen findet, oder der Schuldner rechtzeitig darauf anträgt und die erforderlichen Kosten bezahlt. Kann der Verkauf nicht in dem, im Pfändungsprotokolle anberaumten Termine abgehalten werden so ist der anderweitige Verkaufstermin dem Schuldner und dem Verwahrer der abgepfändeten Sachen besonders bekannt zu machen.

§. 25. Bei der Versteigerung werden die Pfandstücke, so weit es thunlich ist, in der Regel einzeln ausgeboten und nach dreimaligem Ausrufe dem Meistbietenden zugeschlagen. Die zugeschlagenen Pfandstücke dürfen nur gegen baare Bezahlung verabfolgt und müssen, wenn solche vor dem Schlusse des Termins nicht erfolgt, anderweit ausgeboten werden. Auf den etwanigen Mehrbetrag des demnächst erzielten Meistgebots hat der erste Käufer keinen Anspruch. Derselbe haftet dagegen für den Ausfall, welcher von ihm für Rechnung der das Zwangsverfahren betreibenden Kasse sofort durch Exekution nach Vorschrift dieser Ordnung beigetrieben werden kann.

Der Ortsvorstand oder ein von diesem bezeichneter Gemeine- oder Polizeibeamter muß dem Verkaufe beiwohnen.

Dieser Beamte sowohl, als derjenige, auf dessen Betreiben das Zwangsverfahren angeordnet ist, und der Exekutor dürfen auf die zu versteigernden Gegenstände weder selbst mitbieten, noch durch Andere für sich mitbieten lassen.

§. 26. Die Versteigerung muß eingestellt und die noch unverkauften Pfandstücke müssen dem Schuldner zurückgegeben werden, sobald die eingegangenen Kaufgelder die für die beizutreibende Schuld und für sämmtliche Kosten hinreichende Deckung gewähren oder die fehlende Summe baar eingezahlt wird.

Gewährt die Auktionslosung keine hinreichende Deckung, so kann die Fortsetzung des Exekutionsverfahrens dadurch abgewendet werden, daß vor Ablauf des Verkaufstermins eine hinreichende Zahl nicht abgepfändeter Sachen übergeben wird, um solche gleichfalls öffentlich auszubieten.

Der Exekutor, welcher den Verkaufstermin abhält, ist zur Annahme aller Gelder, welche aus der Versteigerung eingehen, oder an demselben Tage auf die Rückstände angeboten werden, befugt, muß aber, wenn die Kasse, wofür das Zwangsverfahren Statt gefunden, nicht am Orte ist und deshalb die Ablieferung an diese nicht sofort erfolgen kann, dieselben in Gegenwart des Schuldners oder der bei dem Verkaufe zugezogenen Personen verpacken und unter der Adresse des Kassenbeamten zur Post befördern oder dem Orts-Vorstande zur weitern Beförderung übergeben.

§. 27. Ueber den Hergang der Versteigerung muß von den Beamten, welche dabei mitgewirkt haben, eine Verhandlung aufgenommen und solche auch dem Schuldner, wenn derselbe gegenwärtig gewesen ist, zur Unterschrift vorgelegt werden.

§. 28. Spätestens binnen 8 Tagen nach der Versteigerung muß der Kassenbeamte dem Schuldner, welchem auf besonderes Verlangen eine Nachweisung über die Verwendung der Auktionslosung, nebst einer Abschrift der §. 27 gedachten Verhandlung mitzutheilen ist, den etwaigen Ueberschuß des eingegangenen Geldes durch den Exekutor zustellen lassen. Ist die Auktionslosung unzureichend, so ist dem Schuldner zugleich die Fortsetzung des Exekutionsverfahrens mit dem Bedeuten anzukündigen, daß, bei unterbleibender Berichtigung des Rückstandes, nach Ablauf von 8 Tagen zu einer abermaligen Pfändung oder zu andern Zwangsmitteln geschritten werden würde.

§. 29. Von den §§. 20 bis 26 aufgestellten Regeln finden nachstehende Ausnahmen Statt:

a. Geldwerthe, auf jeden Inhaber lautende Papiere sind, wenn nicht binnen 8 Tagen nach der Beschlagnahme Eigenthumsansprüche von Dritten angemeldet worden sind, an die Regierungs-Hauptkasse zur Versilberung einzusenden.

b. Ausgedroschenes Getreide, Heu, Lebensmittel und andere Gegenstände, welche einen gemeinen Marktverkehr haben, können mit Zustimmung des Schuldners ohne vorherige Versteigerung und Bekanntmachung, an Ort und Stelle für den letzten Marktpreis verkauft, oder aber, wo möglich mit dem Gespanne des Schuldners, auf den nächsten Markt gefahren und daselbst versilbert werden.

c. Goldene und silberne Geräthe dürfen nicht unter ihrem Gold- oder Silberwerthe zugeschlagen werden, Kleinodien und Kunstsachen nicht unter dem Preise, zu welchem sie von Kunstverständigen abgeschätzt sind. Diese Gegenstände sind erforderlichenfalls zur Versteigerung nach dem Hauptorte des Regierungsbezirks zu versenden.

Beschlagnahme der Früchte auf dem Halme.

§. 30. Früchte auf dem Halme dürfen nur in den letzten sechs Wochen vor der gewöhnlichen Reife und nur dann in Beschlag genommen werden, wenn sich keine andere taugliche und sicher aufzubewahrende Pfandstücke vorfinden. Ein Drittel der Erndte jeder Fruchtgattung ist von der Beschlagnahme frei zu lassen.

Von der beabsichtigten Beschlagnahme muß dem Schuldner oder seinen Angehörigen mit der Aufforderung, dabei gegenwärtig zu sein, Nachricht gegeben werden. Die Beschlagnahme wird demnächst in der Art vollzogen, daß der Exekutor die Felder, auf welchen die abzupfändenden Früchte stehen, der Obhut des Gemeinefeldhüters oder eines andern Wächters überweiset und über den Hergang eine Verhandlung aufnimmt, von welcher dem Feldhüter oder Wächter, so wie dem Schuldner, Abschrift zu ertheilen ist.

Im Uebrigen kommen die Vorschriften §§. 11 bis 27 zur Anwendung.

Beschlagnahme ausstehender Forderungen des Schuldners.

§. 31. Die Beschlagnahme ausstehender, von dem Arreste gesetzlich nicht befreiter Forderungen oder bei einem Dritten befindlicher

2*

Sachen des Schuldners erfolgt, mit der Wirkung einer gerichtlichen Beschlagnahme, ohne daß es einer Erklärung über die Gültigkeit des Arrestes bedarf, durch eine schriftliche Verfügung des betreffenden Kassenbeamten, durch welche der Dritte zur Einzahlung der schuldigen Summe an die Kasse oder zur Aushändigung der schuldigen Sachen an den Exekutor zum Zwecke des öffentlichen Verkaufs angewiesen wird. Der Schuldner muß von der Beschlagnahme durch Zustellung einer Abschrift der Verfügung und des darüber aufgenommenen Zustellungsvermerkes mit der Aufforderung benachrichtigt werden, die über die Schuld vorhandenen Urkunden, bei Vermeidung der zulässigen Zwangsmittel, dem Exekutor auszuantworten. Die Zustellung der Beschlagnahmeverfügung und die Benachrichtigung des Schuldners muß durch den Exekutor bewirkt und, wie solches geschehen, von diesem auf dem Concepte jener Verfügung bescheinigt werden.

Die Handlungen, welche der Dritte nach Empfang der, die Beschlagnahme anordnenden Verfügung in Ansehung der mit Beschlag belegten Summen oder Sachen zum Nachtheil der Kasse vornimmt, werden in Bezug auf die letztere dergestalt als nicht geschehen angesehen, daß der Dritte zur Zahlung der schuldigen Summe und Auslieferung der schuldigen Sachen oder ihres Werths der Kasse verpflichtet bleibt. Der Schuldner muß dagegen nicht nur jede in Folge der Beschlagnahme zum Besten jener Kasse geleistete Zahlung oder geschehene Auslieferung anerkennen, sondern sich auch aller Cession, Verpfändung oder anderweiten Disposition über die in Beschlag genommenen Summen oder Sachen enthalten.

Bei verweigerter Zahlung oder Ausantwortung der in Beschlag genommenen Summen oder Sachen ist der Kassenbeamte durch eine Verfügung der betreffenden Aufsichtsbehörde (Regierung, Generalkommission, des Provinzial-Steuerdirektors 2c.) zur Klage gegen den Dritten zu ermächtigen. Diese Ermächtigung vertritt die Stelle einer, Seitens des Schuldners ertheilten Anweisung und Vollmacht zur Klage; der Kassenbeamte muß jedoch den Schuldner zur Theilnahme an dem zu führenden Prozesse gerichtlich auffordern lassen.

§. 32. Besteht die Forderung des Schuldners in Renten, deren öffentliche Versteigerung zulässig ist, so kann der Kassenbeamte, auf den Grund einer besonderen Ermächtigung der betreffenden Aufsichtsbehörde, die Versteigerung der Renten in der dafür gesetzlich vorgeschriebenen Form in Antrag bringen.

§. 33. Die Beschlagnahme von Besoldungen und Pensionen erfolgt durch ein, auf Innebehaltung und Abführung des schuldigen Betrages gerichtetes Requisitionsschreiben des Beamten, zu dessen Empfange die Rückstände gehören, an diejenige Kasse oder Behörde, bei welcher die Besoldung oder Pension zu erheben ist. Von dem Requisitionsschreiben, welches die Wirkung einer gerichtlichen Beschlagnahme hat, muß dem Schuldner Nachricht gegeben werden.

Subhastation der Grundstücke.

§. 34. Die Subhastation von Grundstücken des Schuldners ist nur mit Genehmigung der in den §§. 31 und 32 bezeichneten

Behörde zulässig und muß alsdann bei dem kompetenten Gerichte in Antrag gebracht werden.

Exekution gegen Forensen.

§. 35. Zwangsmaaßregeln, welche in einem andern Empfangsbezirke zur Ausführung gebracht werden müssen, als demjenigen, in welchem die Zahlung zu entrichten ist, sind durch Requisition des für jenen Bezirk bestellten Empfängers zu bewirken.

Kosten des Exekutions-Verfahrens.

§. 36. Die Kosten des Exekutionsverfahrens sind nach dem angehängten Tarife, unter Berücksichtigung der nachstehenden näheren Bestimmungen, zu liquidiren:

a. Die Gebührenkolonne wird durch den Gesammtbetrag der Abgabenreste und rückständigen Kosten bestimmt, auf welche die betreffende Verfügung lautet.

b. Nach dem Beginnen eines Exekutionsaktes müssen, sofern in dem Tarife selbst nicht ein Anderes bestimmt ist, die vollen Gebühren bezahlt werden, wenn gleich derselbe wegen inzwischen eingetretener Zahlung, Ausstandsbewilligung oder aus andern Gründen nicht zur Ausführung gekommen ist.

c. Die Exekutionsgebühren müssen, auch wenn der Exekutor mehrere Exekutionsakte in derselben Gemeine zu gleicher Zeit vorgenommen hat, von jedem Schuldner besonders entrichtet werden. Die Kosten für die öffentliche Bekanntmachung und den Verkauf der abgepfändeten Sachen werden jedoch, wenn mehrere Massen zusammengenommen worden, nur einmal nach der Gesammtsumme entrichtet und unter die dabei betheiligten Schuldner, nach Verhältniß des aus jeder Masse gewonnenen Erlöses, vertheilt.

d. Bei Vertheilung der Transportkosten und anderer baarer Auslagen, welche mehrere Schuldner gemeinschaftlich zu tragen haben, muß der das Zwangsverfahren betreibende Kassenbeamte auf den Werth der Gegenstände, ihren Umfang, ihre Schwere und die sonst obwaltenden Umstände billige Rücksicht nehmen.

§. 37. Die Gebühren des Exekutors und alle anderen Exekutionskosten werden von dem das Verfahren betreibenden Kassenbeamten aus den durch den Verkauf der verpfändeten Sachen oder anderweit eingehenden Geldern gezahlt. Bei Unzulänglichkeit dieser Gelder werden aus denselben zunächst die Gebühren des Exekutors berichtigt, die übrigen Exekutionskosten aber, so weit sie nicht gedeckt werden, auf die dazu geeigneten öffentlichen Fonds übernommen oder von derjenigen Behörde eingezogen, für welche die Exekution Statt gefunden hat.

§. 38. Alle bisherige Vorschriften über Gegenstände dieser Verordnung werden hierdurch aufgehoben.

§. 39. Die zur Ausführung gegenwärtiger Verordnung erforderlichen Anordnungen haben die betheiligten Ministerien gemeinschaftlich zu erlassen.

Exekutionsgebühren-Tarif.

	bis 1 Thl.		1 bis 5 Thl.		5 bis 50 Th.		über 50 Thlr.		
	S.	Pf.	S.	Pf.	S.	Pf.	Th.	S.	Pf.
A. Gebühren des Exekutors.									
1) Für die Mahnung	1	—	2	—	4	—	—	7	6
2) Für die Pfändung und Sicherstellung der gepfändeten Sachen, so wie für die Anlegung eines Superarrestes	4	—	8	—	16	—	1	—	—
In dem §. 13 gedachten Falle werden, wenn es zu keiner Pfandziehung kommt, nur die halben Gebühren entrichtet. Dieselben Gebühren passiren für die Freigebung abgepfändeter Sachen, sofern dieselbe nicht bei Gelegenheit eines anderen Exekutionsaktes vorgenommen wird.									
3) Für die Anfertigung und Anheftung der Anschläge, so wie für Bewirkung des Ausrufs	2	—	2	—	4	—	—	7	6
4) Für die Versteigerung	4	—	8	—	16	—	1	—	—
Kommt es gar nicht zum Verkauf, so passiren, wenn der Steuerdiener sich dieserhalb an den Ort des Verkaufs begeben hat, die halben Gebühren.									
5) Für die Zustellung eines Zahlungsbefehls an den Schuldner des Abgabenpflichtigen und die Benachrichtigung des Letzteren, so wie für jede sonstige Zustellung	2	—	4	—	12	—	—	20	—
6) Für jede Abschrift von einem Pfändungs-, Auktions- oder anderem Protokolle . .	—	6	—	6	—	6	—	—	6
B. Andere Kosten									
7) Gebühren der bei einer Pfändung zugezogenen Zeugen	2	—	2	—	4	—	—	5	—
8) Gebühren des Aufbewahrers von Mobiliareffekten, täglich	1	—	2	—	3	—	—	5	—
9) Gebühren des Hüters von Früchten auf dem Halme, täglich	1	—	2	—	3	—	—	5	—

Zu 8. und 9. werden, wenn die Aufbewahrung oder Obhut länger als acht Tage dauert, von dem neunten Tage an nur die halben Gebühren bewilligt.

Die Gebühren können dagegen, wenn mehr als zehn zerstreut liegende Parzellen zu beaufsichtigen sind, um die Hälfte, und wenn mehr als zwanzig zerstreut liegende Parzellen zu beaufsichtigen sind, um das Doppelte erhöht werden.

Sanssouci, den 30. Juni 1845. **Friedrich Wilhelm.**

Seite 30. In Bezug auf die Behandlung der Klassen- und Gewerbesteuer-Reclamationen verordnet ein **C. R. d. F. M. vom 7. Dec. 1844.** Centr.-Bl. 1844. p. 208.

A. **für die sämmtlichen Regierungen (ausschließlich der Rheinischen).**

1) Die gedachten Rekurs-Gesuche sind künftig, wenn sie die Klassensteuer betreffen, dem Landrathe, wenn sie sich auf die Gewerbesteuer beziehen, in Orten der drei ersten Abtheilungen der Kommunalbehörde, welche die Gewerbesteuer-Rolle anfertigt, aus Orten der vierten Abtheilung dem Landrathe zu überreichen. Jedem Rekurs-Gesuche wird der ablehnende Bescheid, wider welchen dasselbe gerichtet ist, beigefügt.

2) Ist die, im §. 3 des Gesetzes über die Verjährungsfristen bei öffentlichen Abgaben vom 18. Juni 1840 vorgeschriebene Präklusivfrist zur Anbringung des Rekurs-Gesuches beim Eingange des letzteren bereits verstrichen, so weiset die zu dessen Annahme vorstehend zu 1. bestimmte Behörde das Gesuch sogleich zurück.

3) Ist die Rekursfrist noch nicht abgelaufen, so nimmt die vorerwähnte Behörde ungesäumt diejenigen Erörterungen vor, zu welchen das Rekurs-Gesuch Veranlassung giebt, und überreicht demnächst die vollständigen Verhandlungen mit ihrem Gutachten der vorgesetzten Königlichen Regierung.

4) Diese prüft die Rekurs-Gesuche gleich nach deren Eingange, bewirkt sogleich die etwa noch für nöthig erachteten Ermittelungen, und verfährt demnächst nachstehendergestalt:

a. Die bis zum 1. August bei der Königlichen Regierung eingegangenen und bis dahin vollständig erörterten Klassensteuer-Rekursgesuche werden, kreisweise geordnet, unter Anschluß eines, die Gutachten der Ortsbehörde, der kreisständischen Kommission und des Landraths enthaltenden Auszuges aus der Reklamationsliste, so wie unter Beifügung der in Folge des Rekurs-Gesuches etwa aufgenommenen Verhandlungen und des Gutachtens der Königlichen Regierung über jedes einzelne Rekurs-Gesuch, bis zum 20. August dem Finanz-Ministerio überreicht. Die nach dem 1. August eingegangenen oder erst nach diesem Tage vollständig erörterten Klassensteuer-Rekursgesuche, hinsichtlich deren das Vorstehende ebenfalls zu beobachten ist, müssen spätestens bis zum 1. Oct. dem Ministerio vorgelegt werden. — Sollten nach diesem Tage noch dergleichen Gesuche hier eingehen, so sind in jedem Falle die Gründe besonders anzugeben, welche den Aufenthalt herbeigeführt haben.

b. Die Gewerbesteuer-Rekursgesuche werden, nachdem die etwa für nöthig erachteten Ermittelungen beendet sind, für jeden Rollenbezirk gesammelt, für jeden solchen Bezirk nach den verschiedenen Steuerklassen geordnet und demnächst, unter Beifügung der auf Anlaß des Rekurs-Gesuches oder sonst hinsichtlich der vorliegenden Reklamationen aufgenommenenen Verhandlungen, so wie des Gutachtens der Veranlagungs-Behörde und der Regierung, dem Finanz-Ministerio überreicht.

Die Einreichung der vor dem 1. Juli bei der Königlichen Regierung eingegangenen und vollständig erörterten Gewerbesteuer-Rekursgesuche erfolgt, so wie nach dem Ermessen der Königlichen Regierung eine hinlängliche Anzahl derselben beisammen ist. Doch müssen sämmtliche, vorstehend bezeichnete Gesuche bis spätestens zum 20. Juli hierher gelangen.

Die nach dem 1. Juli bei der Regierung eingehenden oder vollständig erörterten Gewerbesteuer-Rekursgesuche sind, unter Beobachtung der vorstehend zu b. gegebenen Bestimmung, spätestens gleich nach Ablauf desjenigen Kalendermonats hierher abzusenden, welcher auf den Kalendermonat folgt, in dem das Gesuch bei der Regierung eingegangen, oder die deshalb veranlaßte Erörterung beendet ist.

Sollten noch nach dem 1. Oct. Gewerbesteuer-Rekursgesuche von der Königlichen Regierung hier vorgelegt werden, so sind in jedem Falle die Gründe besonders anzugeben, welche den Aufenthalt veranlaßt haben.

Die Königliche Regierung hat, dem Vorstehenden gemäß, die Steuerpflichtigen durch eine, in das Amtsblatt aufzunehmende Bekanntmachung auf die von ihnen zu beachtenden Vorschriften aufmerksam zu machen, Ihre Unterbehörden mit näherer Anweisung zu versehen und auf gehörige und rasche Bearbeitung der vorbezeichneten Sachen zu halten.

B. Für die fünf rheinischen Regierungen.

Behufs Abkürzung des bisherigen Verfahrens in Betreff der Rekurs-Gesuche gegen Bescheide der Königlichen Regierungen auf Gewerbesteuer-Reklamationen, wird Nachstehendes angeordnet:

1) Die Rekurs-Gesuche sind künftig in Orten der drei ersten Gewerbesteuer-Abtheilungen der Kommunal-Behörde, welche die Gewerbesteuer-Rolle anfertigt, aus Orten der vierten Abtheilung dem Landrathe zu überreichen.

Jedem Rekurs-Gesuche wird der ablehnende Bescheid, wider welchen dasselbe gerichtet ist, beigefügt.

2) Ist die, im §. 3 des Gesetzes über die Verjährungsfristen bei öffentlichen Abgaben vom 18. Juni 1840 vorgeschriebene Präklusivfrist zur Anbringung des Rekurs-Gesuches beim Eingange des letzteren bereits verstrichen, so weiset die zu dessen Annahme vorstehend zu 1. bestimmte Behörde das Gesuch sogleich zurück.

3) Ist die Rekursfrist noch nicht abgelaufen, so nimmt die vorerwähnte Behörde diejenigen Erörterungen vor, zu welchen das Rekurs-Gesuch Veranlassung giebt, und überreicht demnächst die vollständigen Verhandlungen mit ihrem Gutachten der vorgesetzten Königlichen Regierung.

Wo, einer bestehenden Anordnung zu Folge, die Berichte der Kommunal-Behörden über Gewerbesteuer-Beschwerden der vorgesetzten Regierung durch den Landrath zugehen, ist jene Anordnung auch in den vorbezeichneten Fällen zu befolgen.

4) Die Königliche Regierung prüft die Rekurs-Gesuche gleich nach deren Eingange, bewirkt die etwa noch für nöthig erachteten Ermittelungen, sammelt, nachdem diese beendet sind, die Rekurs-Gesuche für jeden Rollen-Bezirk, ordnet dieselben für einen jeden solchen Bezirk nach den verschiedenen Gewerbesteuer-Klassen, und überreicht die Gesuche demnächst, unter Beifügung der auf Anlaß derselben oder sonst hinsichtlich der vorliegenden Reklamationen aufgenommenen Verhandlungen, so wie unter Anschluß des Gutachtens der Veranlagungs-Behörde und der Königlichen Regierung, dem Finanzministerio.

(Der Schluß des Rescripts lautet wie ad A.)

Besonderer Theil.

Seite 37. zu §. 1 des Klassensteuer-Gesetzes und Note **) b.

Durch das C. R. d. F. M. vom 15. Nov. 1845. (Centr.-Bl. 1845. p. 280) sind die Regierungen ermächtigt worden, die den öffentlichen Lehrern christlicher Confessionen zustehende Klassensteuerfreiheit auch den bei den Gymnasien, Progymnasien und höheren Bürgerschulen, nach Beendigung des Probejahres beschäftigten, den selbstständigen Lehrern gleichgestellten Schulamts-Candidaten zu gewähren, sie mögen förmlich angestellt sein, oder remunerirt werden oder nicht.

Seite 38. zu §. 2 a. des Klassensteuer-Gesetzes und zur K. O. v. 18. Juli 1825 Note *) B.

1) Bekanntmachung vom 8. Febr. 1844. Minist.-Bl. 1844. p. 80.

In dem Landtags-Abschiede für die Rheinischen Provinzial-Stände vom 30. Dec. 1843 ist bestimmt:

daß Einwohner mahl- und schlachtsteuerpflichtiger Städte, welche auf länger als Monatsfrist ihren Wohnsitz an einem und demselben klassensteuerpflichtigen Orte nehmen, von dem Ablauf dieses Zeitraums an, für die fernere Dauer ihres Aufenthalts an dem gedachten Orte Klassensteuer zu entrichten haben, wogegen aber auch Einwohner klassensteuerpflichtiger Orte, welche auf länger als Monatsfrist ihren Wohnsitz in einer mahl- und schlachtsteuerpflichtigen Stadt nehmen, für die längere Dauer des Aufenthaltes in dieser Stadt von der Klassensteuer zu befreien sind.

2) C. R. d. F. M. vom 7. Febr. 1845. Centr.-Bl. 1845. p. 36.

In vielen Fällen, in welchen die K. O. vom 18. Juli 1825 zur Anwendung kommt, geben Gewerbe-, Amts- und Standes-Verhältnisse keinen genügenden Anhalt zur Feststellung: ob Jemand, welcher einen Wohnsitz an einem klassensteuerpflichtigen und einen zweiten an einem mahl- und schlachtsteuerpflichtigen Orte hat, und sich theils an diesem und theils an jenem Orte persönlich aufhält, in Bezug auf seine Steuerpflichtigkeit für einen Einwohner dieses oder jenes Ortes zu halten sei; es muß mithin festgestellt werden: ob er sich während des Kalenderjahres länger am klassensteuerpflichtigen oder länger am mahl- und schlachtsteuerpflichtigen Orte persönlich aufgehalten hat. Diese Feststellung ist aber, wie die Erfahrung gelehrt hat, häufig mit großen Schwierigkeiten und Weiterungen verbunden gewesen. Um diese Schwierigkeiten zu vermeiden, haben des Königs Majestät durch die Allerhöchste Kabinets-Ordre vom 24. Jan. d. J. für diejenigen Fälle, in denen die Klassensteuerpflichtigkeit einer Person, welche an einem klassensteuerpflichtigen und zugleich an einem mahl- und schlachtsteuerpflichtigen Orte ihren Wohnsitz hat, nach der Allerhöchsten Kabinets-Ordre vom 18. Juli 1825, von der Dauer ihres persönlichen Aufenthalts an jedem der beiden Wohnorte abhängt, zu genehmigen geruht,

> daß, wenn der Steuerpflichtige, nach dem Ermessen der Regierung, sich an jedem seiner beiden Wohnorte während des Kalenderjahres ungefähr gleich lange aufgehalten hat, von dem bestimmten Nachweise der Dauer dieses Aufenthaltes Abstand genommen und abfindungsweise die Hälfte der grundsätzlich auf einen solchen Haushalt treffenden jährlichen Klassensteuer erhoben werde.

Die Allerhöchste Kabinets-Ordre vom 24. Jan. d. J bezieht sich übrigens nur auf diejenigen Fälle, wo Jemand an einem klassensteuerpflichtigen und an einem mahl- und schlachtsteuerpflichtigen Orte, mithin einen doppelten Wohnsitz hat und seine Klassensteuerpflichtigkeit von der Dauer des persönlichen Aufenthaltes an jedem der beiden Wohnorte während des Kalenderjahres abhängig ist. Die Bestimmung im Eingange der Allerhöchsten Kabinets-Ordre vom 18. Juli 1825, daß Einwohner mahl- und schlachtsteuerpflichtiger Orte durch den zeitweisen Aufenthalt an einem klassensteuerpflichtigen Orte nicht klassensteuerpflichtig werden, wogegen Einwohner eines klassensteuerpflichtigen Ortes durch zeitweisen Aufenthalt an einem mahl- und schlachtsteuerpflichtigen Orte keinen Anspruch auf Erlaß der Klassensteuer erhalten, bleibt mithin unverändert bestehen.

Ob Jemand einen zweifachen Wohnsitz, den einen an einem mahl- und schlachtsteuerpflichtigen, den zweiten an einem klassensteuerpflichtigen Orte hat, ist in den einzelnen Fällen nach den obwaltenden Verhältnissen zu prüfen und festzustellen. Ist ein derartiger doppelter Wohnsitz anzuerkennen, so bleibt auch fernerhin, in Gemäßheit der Allerhöchsten Ordre vom 18. Juli 1825, die Präjudizial-Frage, nach sorgfältiger Prüfung der obwaltenden Verhältnisse in den einzelnen vorkommenden Fällen, zu entscheiden: ob die betreffende Person nach ihrem Stande, Amte oder Gewerbe vorzugsweise als Einwohner eines klassensteuerpflichtigen oder des mahl- und schlachtsteuerpflichtigen Ortes zu betrachten, mithin entweder für das ganze Jahr zur Klassensteuer heranzuziehen oder ganz davon zu befreien ist.

Nur wenn diese Präjudizial-Fragen nicht klar zu entscheiden sind, kann die Allerhöchste Kabinets-Ordre vom 24. Jan. d. J. zur Anwendung kommen. Ob demnächst der betreffende Steuerpflichtige sich während des Kalenderjahres ungefähr gleich lange an jedem seiner beiden Wohnorte aufgehalten habe, wird, als in der Notorität beruhend, von den Ortsbehörden leicht bescheinigt werden können. Dem Ermessen der Königlichen Regierung ist aber die nähere Prüfung der Angaben hierüber vorbehalten. Ergiebt sich hierbei offenkundig oder erweislich ein erheblich kürzerer Aufenthalt am mahl- und schlachtsteuerpflichtigen, als an dem klassensteuerpflichtigen Wohnorte, so ist der Steuerpflichtige für das ganze Jahr zur Zahlung der Klassensteuer verpflichtet, während umgekehrt ein erweislich längerer Aufenthalt an dem mahl- und schlachtsteuerpflichtigen Wohnorte von der Klassensteuer für das ganze Jahr befreit.

Seite 40. zu §. 2 Litt. d. des Klassensteuergesetzes.

C. R. d. F. M. v. 31. März 1846. Centr.-Bl. 1846. p. 161.

Durch eine Kab.-Ordre vom 31. März 1846 sind von den Individuen, die in dem vaterländischen oder in einem der andern verbündeten Heere an den Feldzügen von 1813 bis 1815 Theil genommen haben, Diejenigen, welche zur untersten Klassensteuerstufe eingeschätzt sind, für ihre Personen, so wie für die Angehörigen ihrer Haushaltungen, und außerdem Diejenigen, welche als Einzelnsteuernde (§. 4 des Klassensteuer-Gesetzes vom 30. Mai 1820) der vorletzten Steuerstufe angehören, von der Klassensteuer befreit. Es wird hierbei bemerkt, daß die Befreiung von der Klassensteuer nicht von der Zeit oder von der Art der Militair-Dienste in den Jahren $18\frac{13}{15}$, ob vor dem Feinde, in Festungen u. s. w., wohl aber von dem glaubhaften Nachweise abhängig zu machen ist, daß die Theilnahme an den Feldzügen der Jahre $18\frac{13}{15}$ in dem vaterländischen oder einem der verbündeten Heere wirklich Statt gefunden hat.

Seite 45 sq. Zur Gewerbesteuer-Gesetzgebung im Allgemeinen.

Allgemeine Gewerbe-Ordnung vom 17. Jan. 1845.
G. S. 1845. p. 41.

Wir 2c. haben die in den verschiedenen Landestheilen bestehenden Vorschriften über den Gewerbebetrieb einer Revision unterworfen, und verordnen auf den Antrag Unseres Staatsministeriums, nach Anhörung Unserer getreuen Stände und nach vernommenem Gutachten Unseres Staatsraths, für den ganzen Umfang der Monarchie, was folgt:

Titel I.

Aufhebung bestehender Beschränkungen des Gewerbebetriebes.

§. 1. Das in einzelnen Landestheilen mit Gewerbeberechtigungen noch verbundene Recht, Anderen den Betrieb eines Gewerbes zu untersagen oder sie darin zu beschränken (ausschließliche Gewerbeberechtigung), wird hierdurch aufgehoben, ohne Unterschied, ob die Berechtigung an einem Grundstücke haftet oder nicht.

§. 2. Ferner werden aufgehoben alle Berechtigungen, Koncessionen zu gewerblichen Anlagen oder zum Betriebe von Gewerben zu ertheilen.

§. 3. Vorbehaltlich der durch das Gesetz vom 30. Mai 1820 eingeführten Gewerbesteuer, werden ferner aufgehoben alle Abgaben, welche für den Betrieb eines Gewerbes entrichtet werden, so wie die Berechtigungen, dergleichen Abgaben aufzulegen. Ist jedoch mit der Gewerbeberechtigung das Recht zur Untersagung oder Beschränkung des Betriebes eines stehenden Gewerbes verbunden, so muß die darauf ruhende ganze Abgabe bis zu dem Tage geleistet werden, an welchem der Betrieb dieses Gewerbes von einer Person begonnen wird, gegen die der Widerspruch hätte geltend gemacht werden können.

Ob eine Abgabe zu den aufgehobenen zu rechnen sei, ist in allen Landestheilen nach Inhalt der Verordnung vom 19. Febr. 1832 (Gesetzsammlung Seite 64) zu beurtheilen.

§. 4. Von den noch bestehenden Zwangs- und Bannrechten werden hierdurch aufgehoben:

1) alle Zwangs- und Bannrechte, welche dem Fiskus, einer Kämmerei oder Gemeinde innerhalb ihres Kommunalbezirkes, oder einer Korporation von Gewerbtreibenden zustehen, oder von Einem dieser Berechtigten erst nach dem 31. Dec. 1836 auf einen Anderen übergegangen sind;
2) alle Zwangs- und Bannrechte, deren Aufhebung nach dem Inhalte der Verleihungsurkunde ohne Entschädigung zulässig ist; und
3) sofern die Aufhebung nicht schon in Folge der Bestimmungen zu 1. und 2. eintritt,
   a. das mit dem Besitze einer Mühle, einer Brennerei oder Brennereigerechtigkeit, einer Brauerei oder Braugerechtigkeit, oder einer Schankstätte verbundene Recht, die Konsumenten zu zwingen, daß sie bei dem Berechtigten ihren Bedarf mahlen oder schroten lassen, oder das Getränk ausschließlich von demselben beziehen (der Mahlzwang, der Branntweinzwang und der Brauzwang),
   b. das städtischen Bäckern und Fleischern zustehende Recht, die Einwohner der Stadt, der Vorstädte oder der sogenannten Bannmeile zu zwingen, daß sie ihren Bedarf an Gebäck oder Fleisch ganz oder theilweise von jenen ausschließlich entnehmen,

in allen zu 3 gedachten Fällen jedoch nur dann, wenn das Zwangsrecht nicht auf einem Vertrage zwischen dem Berechtigten und dem Verpflichteten beruht.

§. 5. Diejenigen Zwangs- und Bannrechte, welche nicht durch die Bestimmungen des §. 4 aufgehoben sind, können von den Verpflichteten abgelöst werden, wenn die Verpflichtung auf Grundbesitz haftet, die Mitglieder einer Korporation als Solche betrifft, oder Bewohnern eines Ortes oder Distriktes vermöge ihres Wohnsitzes obliegt. Dasselbe gilt von dem Rechte, den Inhaber einer Schankstätte zu zwingen, daß er das zu seinem Debit erforderliche Getränk aus einer bestimmten Fabrikationsstätte entnehme.

Dem Berechtigten steht die Befugniß, auf Ablösung anzutragen, nicht zu.

§. 6. In den bestehenden Vorschriften wegen der Regalien und Monopole des Staats und den daraus entspringenden Beschränkungen des Betriebes einzelner Gewerbe wird durch das gegenwärtige Gesetz nichts geändert. Insbesondere gilt dies von den das Bergwesen betreffenden Vorschriften.

§. 7. Die wegen der Befugniß zum Halten öffentlicher Fähranstalten bestehenden Bestimmungen bleiben unverändert Sofern Fährgerechtigkeiten ausschließliche Berechtigungen sind, können sie von den Ministerien gegen eine nach den Grundsätzen des Gesetzes vom 16. Juni 1838 (Gesetzsammlung S. 353 ff.) zu gewährende Entschädigung aufgehoben werden.

§. 8. Die zur Zeit in den einzelnen Landestheilen geltenden Vorschriften über das Abdeckereiwesen bleiben bis zur beendigten Revision derselben in Kraft.

§. 9. Die besonderen Vorschriften über Ertheilung und Benutzung der Erfindungspatente kommen ferner zur Anwendung.

§. 10. Unter welchen Umständen und in welcher Art für die durch die §§. 1 bis 5 aufgehobenen oder für ablösbar erklärten Berechtigungen eine Entschädigung gewährt wird, bestimmt ein besonderes Gesetz vom heutigen Tage.*) Hinsichtlich der Entschädigung für diejenigen Berechtigungen, welche schon vor Verkündigung des gegenwärtigen Gesetzes aufgehoben oder für ablösbar erklärt worden sind, bewendet es bei den bisherigen Vorschriften.

§. 11. Ausschließliche Gewerbeberechtigungen oder Zwangs- und Bannrechte, welche durch dieses Gesetz aufgehoben oder für ablösbar erklärt worden sind, können fortan durch Verjährung nicht mehr erworben werden.

Durch Verträge oder andere Rechtstitel können dergleichen Rechte nicht auf einen längeren, als zehnjährigen Zeitraum begründet werden. Verabredungen, wodurch für den Fall der Nichterneuerung des Vertrages eine Entschädigung festgesetzt wird, sind nichtig.

§. 12. Die Beschränkung gewisser Gewerbe auf die Städte hört auf.

§. 13. Der gleichzeitige Betrieb verschiedener Gewerbe ist Jedem gestattet, soweit nicht besondere gesetzliche Vorschriften eine Beschränkung anordnen.

Titel II.

Bedingungen des Gewerbebetriebes.

§. 14. Für den Gewerbebetrieb im Umherziehen bleiben die bis-

---

*) Dies in der G. S. 1845; p. 79 rc. abgedruckte Entschädigungs-Gesetz ist, als zur Gewerbesteuer-Gesetzgebung nicht gehörig, hier nicht mitgetheilt.

herigen Vorschriften maaßgebend, soweit nicht die Bestimmungen der §§. 1 bis 4 und des §. 60 eine Aenderung begründen.

§. 15. Die polizeiliche Zulässigkeit des Betriebes derjenigen Gewerbe, welche nicht im Umherziehen betrieben werden, (stehende Gewerbe), ist fortan nur nach den Bestimmungen dieses Gesetzes zu beurtheilen.

Wer gegenwärtig zum Betriebe eines Gewerbes berechtigt ist, kann von demselben um deshalb nicht ausgeschlossen werden, weil er den Erfordernissen dieses Gesetzes nicht genügt.

I. Allgemeine Bestimmungen.

§. 16.*) Ein stehendes Gewerbe darf für eigene Rechnung und unter eigener Verantwortlichkeit (selbstständig) nur Derjenige betreiben, welcher

a. dispositionsfähig ist, und

b. innerhalb Unserer Staaten einen festen Wohnsitz hat.

§. 17.**) Minderjährige, welche der väterlichen Gewalt unterworfen sind, müssen, bevor sie den selbstständigen Betrieb eines stehenden Gewerbes beginnen, die ausdrückliche Genehmigung des Vaters zu dem Gewerbebetriebe nachweisen. Im Bezirke des Appellationsgerichtshofes zu Köln ist die Zulassung der Minderjährigen zum Beginn des selbstständigen Betriebes eines stehenden Gewerbes nach Art. 2 des Rheinischen Handelsgesetzbuches zu beurtheilen.

§. 18. Ausländer dürfen, sofern nicht durch Staatsverträge ein Anderes bestimmt ist, nur mit Erlaubniß der Ministerien in Unsern Staaten ein stehendes Gewerbe betreiben.

§. 19. Die in Reihe und Glied stehenden Militairpersonen, so wie alle unmittelbare und mittelbare Staatsbeamten, auch solche, die ihr Amt unentgeltlich verwalten, bedürfen zu dem Betriebe eines Gewerbes der Erlaubniß ihrer vorgesetzten Dienstbehörde, sofern nicht das Gewerbe mit der Bewirthschaftung eines ihnen gehörigen ländlichen Grundstückes verbunden, oder sonst durch besondere gesetzliche Bestimmungen ein Anderes angeordnet ist.

Diese Erlaubniß muß auch zu dem Gewerbebetriebe ihrer Ehefrauen, der in ihrer väterlichen Gewalt stehenden Kinder, ihrer Dienstboten und anderer Mitglieder ihres Hausstandes eingeholt werden.

---

*) R. d. F. M. u. M. d. J v. 13. April 1847. Minist.-Bl. 1847 p. 102.
Unter dem Ausdruck „fester Wohnsitz“ kann in Ermangelung besonderer Bestimmungen, nur ein Wohnsitz nach Maaßgabe der hierüber bestehenden allgemeinen gesetzlichen Bestimmungen verstanden werden. Nach diesen genugt die ausdrücklich erklärte Absicht eines selbstständigen Preuß. Unterthans, an einem bestimmten Orte seinen bestandigen Wohnsitz nehmen zu wollen, in Verbindung mit der factischen Wohnsitznahme an diesem Orte. Dadurch wird also den Bedingungen des §. 16 b. genugt.

**) R. d. F. M. u. M. d. J. v. 23. Jan. 1846. Minist.-Bl. 1846. p. 44.
Durch Concurseröffnung verliert der Gemeinschuldner nicht die Fähigkeit ein Gewerbe zu betreiben und eben so ist nach den Bestimmungen in den §§ 195 und 335 Th. II. litt. 1. des ALR. unzweifelhaft, daß Ehefrauen mit Consens ihres Ehemannes Gewerbe selbstständig betreiben können.

§. 20. Von dem Besitze des Bürgerrechts soll die Zulassung zum Gewerbebetriebe in keiner Stadt und bei keinem Gewerbe abhängig sein. In der Verpflichtung der Gewerbetreibenden zur Erwerbung des Bürgerrechts, soweit solche in der bestehenden städtischen Verfassung begründet ist, wird durch gegenwärtiges Gesetz nichts geändert; die Exekution auf Erfüllung dieser Verpflichtung darf aber nicht bis zur Untersagung des Gewerbebetriebes ausgedehnt werden.

§. 21. Wer wegen eines von ehrloser Gesinnung zeugenden Verbrechens, insbesondere wegen Meineids, Raubes, Diebstahls oder Betrugs verurtheilt worden, bedarf zum Beginn eines jeden selbstständigen Gewerbebetriebes, Derjenige aber, welchem der Betrieb eines bestimmten Gewerbes durch richterliches Erkenntniß untersagt worden ist, zum Beginn des selbstständigen Betriebes eines anderen verwandten Gewerbes, der besonderen Erlaubniß der Polizeiobrigkeit des Ortes. Diese Erlaubniß ist zu versagen, wenn nach der Eigenthümlichkeit des Gewerbebetriebs und nach der Persönlichkeit des Antragenden ein Mißbrauch zu besorgen ist, oder durch den beabsichtigten Gewerbebetrieb der Zweck des Straferkenntnisses vereitelt werden würde.

Diese Vorschriften finden auch Anwendung auf die Ehefrauen solcher Personen, ihre noch unter väterlicher Gewalt stehenden Kinder, ihre Dienstboten und andere Mitglieder ihres Hausstandes.

§. 22. Wer den selbstständigen Betrieb eines Gewerbes anfangen will, muß zuvor der Kommunalbehörde des Orts Anzeige davon machen.

Die Kommunalbehörde hat diese Anzeige, wenn sie nicht zugleich die Polizeiobrigkeit ist, Letzterer mit ihren etwanigen Bemerkungen zuzustellen.

§. 23. Die Polizeiobrigkeit hat zu prüfen, ob den in diesem Gesetze für den selbstständigen Gewerbebetrieb im Allgemeinen oder für das beabsichtigte Gewerbe insbesondere vorgeschriebenen Erfordernissen genügt ist.

Ist einem dieser Erfordernisse nicht genügt, so ist der Beginn oder die Fortsetzung des Gewerbebetriebes mittelst Bescheides zu untersagen, sonst aber dem Anmeldenden eine Bescheinigung über die erfolgte Anmeldung zu ertheilen.

§. 24. Ueber die Anmeldungen sind durch die Polizeiobrigkeit genaue Register zu führen.

§. 25. Beschwerden über die Untersagung des Gewerbebetriebes können nur bei den Verwaltungsbehörden angebracht werden. Der Rechtsweg findet dagegen nicht Statt.

II. Erforderniß besonderer polizeilicher Genehmigung.

§. 26. Eine besondere polizeiliche Genehmigung ist nur erforderlich:

1) zur Errichtung gewerblicher Anlagen, welche durch die örtliche Lage oder die Beschaffenheit der Betriebsstätte für die Besitzer oder Bewohner der benachbarten Grundstücke, oder für das Publikum überhaupt erhebliche Nachtheile, Gefahren oder Belästigungen herbeiführen können;

2) zu dem Beginn solcher Gewerbe, bei welchen entweder
a. durch ungeschickten Betrieb, oder
b. durch Unzuverlässigkeit des Gewerbtreibenden in sittlicher Hinsicht

das Gemeinwohl oder die Erreichung allgemeiner polizeilicher Zwecke gefährdet werden kann.

1) Gewerbliche Anlagen, welche einer besonderen polizeilichen Genehmigung bedürfen.

§. 27. Zu den gewerblichen Anlagen, welche einer besonderen polizeilichen Genehmigung bedürfen (§. 26, zu 1), sollen für jetzt gerechnet werden:

Schießpulverfabriken, Anlagen zur Feuerwerkerei und zur Bereitung von Zündstoffen aller Art, Gasbereitungs- und Gasbewahrungsanstalten, Anlagen zur Bereitung von Steinkohlentheer und Koaks, sofern sie außerhalb der Gewinnungsorte des Materials errichtet werden, Spiegelfabriken, Porzellan-, Fayence- und Thongeschirrmanufakturen, Glas- und Rußhütten, Zuckersiedereien, Malzdarren, Kalk-, Ziegel- und Gipsöfen, Schmelzhütten, Hochöfen, Metallgießereien, Hammerwerke, chemische Fabriken aller Art, Schnellbleichen, Firnißsiedereien, Cichorien-, Stärke-, Wachstuch- und Darmsaitenfabriken, Leim-, Thran-, Seifen- und Flußsiedereien, Knochenbrennereien, Knochen- und Wachsbleichen, Talgschmelzen, Schlachthäuser, Gerbereien, Abdeckereien, Poudretten- und Düngpulverfabriken;

es gehören dahin ferner:

Dampfmaschinen, Dampfkessel und Dampfentwickler (§. 37), durch Wasser oder Wind bewegte Triebwerke (Mühlen u. s. w.) jeder Art (§. 38), so wie Branntweinbrennereien und Bierbrauereien (§. 39).

Bei allen diesen Anlagen macht es keinen Unterschied, ob sie nur auf den eigenen Bedarf des Unternehmers, oder auch auf Absatz an Andere berechnet sind.

§. 28. *) Zur Errichtung neuer Anlagen dieser Art (§ 27) ist die Genehmigung bei der Regierung nachzusuchen. Dem Gesuche müssen die zur Erläuterung erforderlichen Zeichnungen und Beschreibungen beigefügt werden.

§ 29. Wenn die beabsichtigte Anlage, nach dem Ermessen der Regierung, mit so erheblichen Nachtheilen, Gefahren oder Belästigungen für die Nachbaren oder für das Publikum überhaupt verbunden ist, daß dieselbe sich ohne Weiteres als unzulässig darstellt, so ist das Gesuch sogleich zurückzuweisen.

Ist kein Anlaß, das Gesuch sogleich zurückzuweisen, so hat, auf Anweisung der Regierung, die Ortspolizei-Obrigkeit das Unternehmen

*) Die Vorschrift im §. 7 des Mahl- und Schlachtsteuer-Gesetzes vom 30. Mai 1820 ist durch die in den §§. 28 sq. der Gewerbeordnung ertheilten Bestimmungen nicht aufgehoben. cfr. die Supplemente zu dem gedachten § 7.

mittelst einmaliger Einrückung in das Amtsblatt, und außerdem in der für andere polizeiliche Verordnungen am Orte vorgeschriebenen Art zur öffentlichen Kenntniß zu bringen, mit der Aufforderung, etwanige Einwendungen gegen die neue Anlage binnen vier Wochen anzumelden.

Die vierwöchentliche Frist nimmt ihren Anfang mit dem Tage, an welchem das die Bekanntmachung enthaltende Amtsblatt ausgegeben worden, und ist für alle Einwendungen, welche nicht privatrechtlicher Natur sind, präklusivisch.

§ 30. Werden keine Einwendungen angebracht, so hat die Regierung, sobald die Anzeige der Polizeiobrigkeit eingegangen ist, unter Festsetzung der sich etwa als nöthig ergebenden Bedingungen, die Genehmigung zu ertheilen. Diese ist schriftlich auszufertigen und muß die festgesetzten Bedingungen enthalten.

§. 31. Die bei der Polizeiobrigkeit angemeldeten Einwendungen privatrechtlicher Natur sind zur richterlichen Entscheidung zu verweisen, ohne daß von der Erledigung dieser Einwendungen die weitere Verhandlung über die polizeiliche Genehmigung der Anlage (§. 32) abhängig gemacht wird.

Andere Einwendungen dagegen hat die Polizeiobrigkeit, unter Zuziehung des Unternehmers, zum Protokoll vollständig zu erörtern. Demnächst sind die geschlossenen Verhandlungen mit beigefügtem Gutachten an die Regierung einzureichen.

§. 32. Die Regierung hat hierauf das Gesuch mit Rücksicht auf die bestehenden feuer-, bau- und gesundheitspolizeilichen Anordnungen und die Erheblichkeit der auf angebliche Nachtheile, Gefahren oder Belästigungen gegründeten Einwendungen zu prüfen und nach dem Befunde die Genehmigung entweder zu versagen, oder unbedingt zu ertheilen, oder endlich bei Ertheilung derselben diejenigen Vorkehrungen und Einrichtungen vorzuschreiben, welche zur Abhülfe geeignet sind.

§. 33. Der von der Regierung abgefaßte Bescheid ist sowohl dem Unternehmer, als den Widersprechenden durch die Ortspolizeiobrigkeit zu eröffnen. Gegen den Bescheid steht der Rekurs an die Ministerien offen; derselbe muß binnen einer präklusivischen Frist von zehn Tagen, vom Tage der Eröffnung des Bescheides an gerechnet, bei der Polizeiobrigkeit angemeldet werden. Die Rechtfertigung der Beschwerde ist der Polizeiobrigkeit binnen vier Wochen, von demselben Tage an, einzureichen; nach fruchtlosem Ablauf dieser Frist sind die Verhandlungen ohne Weiteres zur Rekursentscheidung einzusenden

Durch die Anmeldung des Rekurses von Seiten Desjenigen, welcher der Anlage widersprochen hat, wird die von der Regierung ertheilte Genehmigung bis zur Entscheiduug der Ministerien suspendirt.

§. 34. An die Stelle der Polizeiobrigkeit des Ortes (§§. 29. 30. 31. 33) tritt der Landrath, wenn der Unternehmer selbst die Polizeiobrigkeit ist, oder die Ortspolizei zu verwalten hat.

§. 35. Die baaren Auslagen, welche durch die Bekanntmachung und das weitere Verfahren entstehen, fallen dem Unternehmer, diejenigen Kosten aber, welche durch unbegründete Einwendungen erwachsen, dem Widersprechenden zur Last.

Die Regierungen und Ministerien haben in den Bescheiden über die Zulässigkeit der neuen Anlage zugleich die Vertheilung der Kosten festzusetzen.

§. 36. Die polizeiliche Genehmigung zu einer der im §. 27 bezeichneten Anlagen bleibt so lange in Kraft, als keine Veränderung in der Lage oder Beschaffenheit der Betriebsstätte vorgenommen wird, und bedarf unter dieser Voraussetzung auch dann, wenn die Anlage auf einen neuen Erwerber übergeht, einer Erneuerung nicht.

Sobald aber eine Veränderung der Betriebsstätte vorgenommen werden soll, muß die Genehmigung der Regierung von Neuem nachgesucht werden.

§. 37. Bei Dampfmaschinen, Dampfkesseln und Dampfentwicklern sind, außer den Bestimmungen der §§. 27 bis 36, auch die dafür ergangenen besonderen Vorschriften mit der Maaßgabe anzuwenden, daß die polizeiliche Genehmigung der Anlage nunmehr nach § 28 überall der Regierung zusteht.

§. 38. Auch bei den durch Wasser oder Wind bewegten Triebwerken (Mühlen ꝛc.) jeder Art sind, außer den Bestimmungen der §§. 27 bis 36, die dafür bestehenden besonderen Vorschriften anzuwenden. Es werden jedoch die in einzelnen Landestheilen bestehenden Vorschriften, wonach die Anlage neuer und die Erweiterung und Veränderung vorhandener, auf die Konsumtion der Umgegend berechneter Getreidemahlmühlen von dem Bedürfniß der Umgegend abhängig ist (§ 242. Titel 15. Theil II. Allgemeinen Landrechts und Order vom 23. Okt. 1826. Gesetzsammlung Seite 108), hierdurch aufgehoben.

§. 39. Die in einzelnen Landestheilen bestehenden Vorschriften, wonach die Genehmigung zur Anlage neuer Branntweinbrennereien und Bierbrauereien bei ländlichen Grundstücken nur dann ertheilt werden darf, wenn diese Grundstücke nach landwirthschaftlicher Taxe einen Werth von 15,000 Rthlrn. haben, werden hiermit aufgehoben.

§. 40. Einer besondern Beschränkung mit Rücksicht auf die örtliche Lage sind ferner unterworfen:

a. Tanz- und Fechtschulen, so wie Turn- und Badeanstalten; zur Errichtung oder Verlegung derselben ist eine polizeiliche Genehmigung erforderlich, welche in den Städten bei der Polizeiobrigkeit, auf dem Lande, unter Vorlegung eines Attestes der Polizeiobrigkeit, bei dem Landrathe nachzusuchen ist und erst dann ertheilt werden darf, wenn sich die Behörde von der Angemessenheit des Lokals und der beabsichtigten Einrichtung überzeugt hat;

b. die Errichtung oder Verlegung der Betriebsstätte solcher Gewerbe, deren Ausübung mit ungewöhnlichem Geräusch verbunden ist. Die Betriebsstätte muß, in sofern zur Anlage derselben nicht schon nach den Vorschriften der §§. 27 — 36 die Genehmigung der Regierung einzuholen ist, der Polizeiobrigkeit angezeigt werden; diese hat, wenn in der Nähe der gewählten Betriebsstätte Kirchen, Schulen, Krankenhäuser oder andere öffentliche Gebäude vorhanden sind, deren bestimmungsmäßige Benutzung durch den

Gewerbebetrieb auf dieser Stelle eine erhebliche Störung oder Belästigung erleiden würde, die Entscheidung der Regierung darüber einzuholen, ob die Ausübung des Gewerbes an der gewählten Betriebsstätte zu untersagen oder nur unter Bedingungen zu gestatten sei.

§ 41.*) Die durch die Steuergesetze in Beziehung auf die Lage der Betriebsstätte angeordneten Beschränkungen des Betriebes einzelner Gewerbe bleiben auch ferner in Kraft

2) Gewerbtreibende, welche einer besonderen polizeilichen Genehmigung bedürfen.

§. 42. Aerzte, Wundärzte, Augenärzte, Zahnärzte, Geburtshelfer, Apotheker und Unternehmer von Privatkranken- und Privat-Irrenanstalten bedürfen einer Approbation des Ministeriums der Medizinalangelegenheiten

§ 43. Hinsichtlich der Unternehmer von Erziehungs- und Unterrichtsanstalten, so wie der Privatlehrer bewendet es bei den besonderen Vorschriften.

§. 44. Baumeister, welche aus der Leitung von Bau-Unternehmungen ein Gewerbe machen, bedürfen eines Prüfungszeugnisses der Ober-Baudeputation

§. 45. Seeschiffer und Seesteuerleute, Vorsteher öffentlicher Fähren (Fährmeister), Maurer, Steinhauer, Schiefer- und Ziegeldecker, Haus- und Schiffszimmerleute, Mühlen- und Brunnenbaumeister, Schornsteinfeger, Personen, welche mit Aufstellen von Blitzableitern sich beschäftigen, ingleichen solche, welche Feuerwerke zum Verkauf bereiten oder gegen Entgelt abbrennen, Kastrirer und Abdecker müssen sich über den Besitz der erforderlichen Kenntnisse und Fertigkeiten durch ein Befähigungszeugniß der Regierung ausweisen Dasselbe gilt von Hebammen, Bandagisten und Verfertigern chirurgischer Instrumente.

Soweit in Betreff der Schiffer und Lootsen auf Strömen in Folge von Staatsverträgen besondere Anordnungen getroffen sind, behält es dabei sein Bewenden.

§. 46. Wie die Prüfungen der in den §§. 44 und 45 bezeichneten Gewerbtreibenden vorzunehmen sind, und in wieweit die unter ihrem Gewerbe begriffenen Verrichtungen auch von ungeprüften Personen ausgeübt werden dürfen, wird durch Anordnungen der Ministerien bestimmt. Diesen steht auch die Befugniß zu, Personen, deren Befähigung unzweifelhaft ist, ausnahmsweise von der vorgeschriebenen Prüfung zu entbinden.

§. 47. Schauspiel-Unternehmer bedürfen einer besonderen Erlaubniß des Ober-Präsidenten der Provinz, in welcher sie ihre Vorstellungen geben wollen. Diese Erlaubniß darf ihnen nur nach vorgängigem Nachweise gehöriger Zuverlässigkeit und Bildung ertheilt, kann jedoch auch dann, wenn sie dieser Bedingung entsprechen, nach dem Ermessen des Oberpräsidenten, versagt werden.

---

*) cfr. hierbei auch die zu §. 7 des Mahl- und Schlachtsteuer-Gesetzes vom 30. Mai 1820 mitgetheilten Bestimmungen.

§. 48. Buch- und Kunsthändler, Antiquare, Inhaber von Leihbibliotheken oder Lesekabinetten, Verkäufer von Flugschriften und Bildern, Lithographen, Buch- und Steindrucker bedürfen einer besonderen Erlaubniß der Regierung, welche nur dann ertheilt werden darf, wenn diese Behörde von der Unbescholtenheit und Zuverlässigkeit, so wie von einer zum Betriebe des Gewerbes genügenden allgemeinen Bildung des Unternehmers sich Ueberzeugung verschafft hat.

§. 49. Schlossern, Pfandleihern, so wie Denjenigen, welche mit gebrauchten Kleidern oder Betten, mit gebrauchter Wäsche oder altem Metallgeräth, mit Schießpulver oder Giften handeln, ferner Denjenigen, welche aus der Vermittelung von Geschäften oder der Uebernahme von Aufträgen, namentlich aus der Abfassung schriftlicher Aufsätze für Andere, ein Gewerbe machen, oder möblirte Zimmer oder Schlafstellen gewerbsweise vermiethen, Kammerjägern, Lohnlakaien und andern Personen, welche auf öffentlichen Straßen und Plätzen oder in Wirthshäusern ihre Dienste anbieten, ingleichen Denen, welche auf öffentlichen Straßen und Plätzen Wagen, Pferde, Sänften, Gondeln und andere Transportmittel zu Jedermanns Gebrauch bereit halten, ist der Gewerbebetrieb erst dann, wenn sich die Behörden von ihrer Unbescholtenheit und Zuverlässigkeit überzeugt haben, zu gestatten.

Diese Erlaubniß ist in den Städten bei der Polizeiobrigkeit, auf dem Lande, unter Vorlegung eines Attestes der Polizeiobrigkeit, bei dem Landrath nachzusuchen.

§. 50. Unternehmern von Tanz- oder Fechtschulen, Bade- oder Turnanstalten ist die nach §. 40 zu a. erforderliche Genehmigung erst dann zu ertheilen, wenn sie sich über ihre Unbescholtenheit und Zuverlässigkeit ausgewiesen haben.

§. 51. Die Geschäfte der Baukondukteure, Feldmesser, Nivellirer, Markscheider, Auktionatoren, See- und Binnenlootsen, Mäkler, Dispacheurs und Gesindevermiether dürfen nur von denjenigen Personen betrieben werden, welche als solche von den verfassungsmäßig dazu befugten Staaats- oder Kommunalbehörden oder Korporationen angestellt oder konzessionirt sind.

§. 52. Ein Gleiches (§. 51) gilt von Denen, welche den Feingehalt edler Metalle oder die Beschaffenheit, Menge oder richtige Verpackung von Waaren irgend einer Art feststellen, von Güterbestätigern, Schaffnern, Wägern, Messern, Braakern, Schauern, Stauern u. s. w., so wie von Denjenigen, welche ein Gewerbe daraus machen, Leichen zu reinigen und anzukleiden, oder die zur Bestattung von Leichen erforderlichen Geräthschaften und Wagen zu halten.

§ 53. Die bisherigen Vorschriften über die Befähigung der in den §§. 51 und 52 bezeichneten Personen, über die Zahl, so wie den Umfang der Befugnisse und Verpflichtungen derselben bleiben ferner in Kraft. Jedoch wird den Ministerien vorbehalten, die nöthigen Abänderungen und Ergänzungen zu treffen.

Auch sind die Ministerien befugt, da, wo über die Anstellung und den Geschäftsbetrieb dieser Personen keine Vorschriften bestehen, solche zu erlassen.

3) Besondere Bestimmungen.

§. 54. Außer der Approbation (§. 42) bedürfen Apotheker, welche sich nicht im Besitze eines Realprivilegiums befinden, einer Konzession des Ober-Präsidenten, in welcher der Ort und das Grundstück, wo das Gewerbe betrieben werden soll, bestimmt sein muß.

§. 55. Hinsichtlich des Kleinhandels mit Getränken, so wie der Gastwirthschaft und der Schankwirthschaft behält es bei den unterm 7. Februar 1835 (Gesetzsammlung Seite 18) und unterm 21. Juni 1844 (Gesetzsammlung S. 214) ergangenen Bestimmungen mit der Maaßgabe sein Bewenden, daß die Rücksicht auf bisherige ausschließliche Gewerbeberechtigungen nicht weiter Statt findet, und daß an die Stelle der in jenen Bestimmungen angedrohten Strafen die des gegenwärtigen Gesetzes treten.

In der polizeilichen Genehmigung kann eine noch vor Ablauf des Kalenderjahres endende Frist bestimmt werden, innerhalb deren das Gewerbe bei Verlust der Befugniß zum Betriebe desselben begonnen werden muß.

§. 56. Die Kehrbezirke der Schornsteinfeger können, nach dem Ermessen der Regierung, nicht nur da, wo sie bisher bestanden, beibehalten, sondern auch da, wo sie bisher nicht bestanden, eingeführt, andererseits aber auch aufgehoben und verändert werden, ohne daß deshalb den Bezirksschornsteinfegern ein Widerspruchsrecht oder ein Anspruch auf Entschädigung zusteht. Nur da, wo Zwangsrechte bestehen, ist eine Aufhebung oder Beschränkung der diesen Rechten unterworfenen Kehrbezirke erst nach vorgängiger Ablösung der Zwangsrechte (§. 5) zulässig.

§. 57. In Ansehung des Pfandleihgewerbes behält es bei den durch die bestehenden Vorschriften angeordneten Beschränkungen sein Bewenden.

§. 58 In soweit die Zulassung zum Betriebe der in den §§. 51 bis 55 bezeichneten Gewerbe bisher von der Gemeinschaft mit einer der christlichen Kirchen abhängig gemacht worden ist, soll dies bis auf weitere Bestimmung auch ferner Statt finden.

Titel III.

Umfang, Ausübung und Verlust der Gewerbebefugnisse.

§. 59. Wer zum selbstständigen Betriebe eines stehenden Gewerbes befugt ist, unterliegt dabei nur denjenigen Beschränkungen, welche durch gesetzliche oder polizeiliche Bestimmungen angeordnet sind. Insbesondere darf er an seinem Wohnorte in festen Verkaufsstätten die Erzeugnisse oder sonstigen Gegenstände seines Gewerbetriebes feil halten, auch in und außer seinem Hause bestellte Arbeiten vornehmen, ingleichen verkaufte Waaren versenden und, soweit es nach Titel IV zulässig ist, auf Märkten verkehren. Er ist befugt, die zu dem Betriebe seines Gewerbes erforderlichen Materialien und Werkzeuge zu verfertigen und, unter Beachtung der dieserhalb bestehenden Vorschriften, überall anzukaufen und ankaufen zu lassen.

Zum Feilhalten und Anbieten der gewerblichen Erzeugnisse oder

Dienste auf Straßen oder an anderen öffentlichen Orten außer der gewöhnlichen Marktzeit oder außerhalb der zum Marktverkehr bestimmten Plätze bedarf es der besonderen Erlaubniß der Ortspolizei-Obrigkeit.

§. 60. In Ansehung der Befugniß der Gewerbetreibenden mit kaufmännischen Rechten, auch im Umherreisen, entweder selbst oder durch Gehülfen, Waarenbestellungen zu suchen oder zum Behufe des Wiederverkaufs Waaren aufzukaufen, behält es bei den bestehenden Vorschriften sein Bewenden; es soll jedoch diese Befugniß fortan nirgends mehr davon abhängig sein, daß der Gewerbtreibende oder der Gehülfe einer der christlichen Kirchen angehört.*)

§. 61. Die Befugnisse zum Gewerbebetriebe können durch Stellvertreter ausgeübt werden; diese müssen jedoch nicht nur den für den selbstständigen Gewerbebetrieb im Allgemeinen, sondern auch den für das in Rede stehende Gewerbe insbesondere vorgeschriebenen Erfordernissen genügen.

§. 62. Nach dem Tode eines Gewerbetreibenden darf das Gewerbe für Rechnung der Wittwe während des Wittwenstandes, oder, wenn minderjährige Erben vorhanden sind, für deren Rechnung durch einen nach §. 61 qualifizirten Stellvertreter betrieben werden, in sofern die über den Betrieb einzelner Gewerbe bestehenden besonderen Vorschriften nicht ein Anderes anordnen. Dasselbe gilt während der Dauer einer Kuratel oder Nachlaßregulirung.

§. 63. In wiefern für die in den §§. 51 bis 54 bezeichneten Personen eine Stellvertretung zulässig ist, hat in jedem einzelnen Falle die Behörde zu bestimmen, welcher die Anstellung oder Konzessionirung zusteht.

Bei den im §. 55 bezeichneten Gewerben ist der Betrieb durch Stellvertreter nicht statthaft.

§. 64. Neue Realgewerbe-Berechtigungen dürfen fortan nicht mehr begründet werden.

§. 65. Die zur Zeit noch bestehenden Realgewerbeberechtigungen können auf eine andere gesetzlich qualifizirte Person in der Art übertragen werden, daß der Erwerber die Gewerbeberechtigung für eigene Rechnung ausüben darf.

§. 66. Bei Ertheilung der polizeilichen Genehmigung zu einer gewerblichen Anlage der in den §§. 27, 37 und 38 bezeichneten Arten, ingleichen zur Anlegung von Apotheken und von Privatkranken- und Privat-Irrenanstalten, so wie zu Schauspielunternehmungen kann von der genehmigenden Behörde, den Umständen nach, eine Frist festgesetzt werden, binnen welcher die Anlage oder das Unternehmen bei Vermeidung des Erlöschens der Genehmigung begonnen und ausge-

---

*) R. d. F. M. u. M. d. J. vom 12. Juni 1845. Minist.-Bl. 1845. p. 184.

Auch den nicht naturalisirten Juden kann, wenn sie an ihrem Wohnorte einen stehenden Handel mit kaufmännischen Rechten treiben, der Gewerbschein zum Aufsuchen von Waarenbestellungen und dem bezeichneten Aufkaufe nicht versagt werden.

führt, und der Gewerbebetrieb angefangen werden muß. Ist eine solche Frist nicht bestimmt, so erlischt die ertheilte Genehmigung, wenn der Inhaber nach Empfang derselben ein ganzes Jahr verstreichen läßt, ohne davon Gebrauch zu machen.

Eine Verlängerung der Frist kann von der Behörde bewilligt werden, sobald erhebliche Gründe nicht entgegenstehen.

§. 67. Hat der Inhaber einer solchen Genehmigung (§. 66) seinen Gewerbebetrieb während eines Zeitraumes von drei Jahren eingestellt, so erlischt dieselbe.

§. 68. Auf die Inhaber der bereits vor dem Erscheinen des gegenwärtigen Gesetzes ertheilten Konzessionen finden die in den §§. 66 und 67 bestimmten Fristen ebenfalls Anwendung, jedoch mit der Maaßgabe, daß diese Fristen von dem Tage der Verkündigung des Gesetzes an zu laufen anfangen.

§. 69. Wegen überwiegender Nachtheile und Gefahren für das Gemeinwohl kann die fernere Benutzung einer jeden gewerblichen Anlage zu jeder Zeit untersagt werden. Doch muß dem Besitzer alsdann für den erweislichen wirklichen Schaden Ersatz geleistet werden.

§. 70. Die Bestimmung des §. 69 findet auch auf die zur Zeit der Verkündung des gegenwärtigen Gesetzes bereits vorhandenen gewerblichen Anlagen Anwendung; doch entspringt aus der Untersagung der ferneren Benutzung kein Anspruch auf Entschädigung, wenn die früher ausdrücklich oder stillschweigend ertheilte Konzession nach den bisher gültigen Gesetzen ohne Entschädigung hätte widerrufen werden können.

§. 71. Die in den §§. 42 bis 52 und §. 55 erwähnten Konzessionen, Approbationen und Bestallungen können von der Verwaltungsbehörde zurückgenommen werden, wenn die Unrichtigkeit der Nachweise dargethan wird, auf deren Grund solche ertheilt worden, oder wenn aus Handlungen oder Unterlassungen des Inhabers der Mangel der erforderlichen, und bei Ertheilung der Konzession u. s. w. vorausgesetzten Eigenschaften klar erhellet. In wiefern durch die Handlungen oder Unterlassungen eine Strafe verwirkt ist, bleibt der richterlichen Beurtheilung überlassen.

§. 72. Die Gründe der beabsichtigten Zurücknahme der Konzessionen u. s. w (§. 71) sind dem Betheiligten bekannt zu machen und vollständig zu erörtern, die Verhandlungen aber sodann mit der Vertheidigung desselben der Regierung zur Abfassung eines Plenarbeschlusses vorzulegen.

§. 73. Fällt der Beschluß für die Zurücknahme aus, so ist der danach mit Gründen auszufertigende Bescheid dem Betheiligten zu eröffnen. Gegen diesen Bescheid ist der Rekurs an das kompetente Ministerium zulässig; der Rekurs muß jedoch bei Verlust desselben binnen zehn Tagen, von der Eröffnung des Bescheides an gerechnet, angemeldet werden.

§. 74 Dem Ermessen der Regierung bleibt überlassen, in dringenden Fällen die Ausübung des Gewerbes entweder sogleich bei Einleitung des Verfahrens (§. 72) oder im Laufe desselben zu suspendiren.

Titel IV.

Marktverkehr.

§. 75. Der Besuch der Messen, Jahr- und Wochenmärkte, so wie der Kauf und Verkauf auf denselben steht einem Jeden mit gleichen Befugnissen frei. Beschränkungen hierin gegen Ausländer, als Erwiederung der im Auslande gegen diesseitige Unterthanen angeordneten Beschränkungen, bleiben den Ministerien vorbehalten.

§. 76. Die Ministerien sind befugt, die Zahl, Zeit und Dauer der Märkte festzusetzen. Dem Marktberechtigten steht gegen eine solche Anordnung kein Widerspruch zu; ein Entschädigungs-Anspruch gebührt demselben nur dann, wenn durch die Anordnung die Zahl der bis dahin abgehaltenen Märkte vermindert wird, und eine größere Zahl ausdrücklich und unwiderruflich verliehen war. Gemeinden, welche einen Entschädigungsanspruch geltend machen wollen, müssen außerdem nachweisen, daß ihr Recht auf einen speciellen lästigen Titel sich gründet.

§ 77. Der Marktverkehr darf in keinem Falle mit andern, als solchen Abgaben belastet werden, welche eine Vergütung für den überlassenen Raum und den Gebrauch von Buden und Geräthschaften bilden. In den Bestimmungen darüber, ob und in welchem Umfange Abgaben dieser Art erhoben werden dürfen, wird durch gegenwärtiges Gesetz nichts geändert.

§. 78. Gegenstände des Wochenmarkts-Verkehrs sind:

1) rohe Naturerzeugnisse, mit Ausschluß des größeren Viehs;
2) Fabrikate, deren Erzeugung mit der Land- und Forstwirthschaft oder der Fischerei in unmittelbarer Verbindung steht, oder zu den Nebenbeschäftigungen der Landleute der Gegend gehört, oder durch Tagelöhnerarbeit bewirkt wird, mit Ausschluß der Getränke;
3) frische Lebensmittel aller Art.

Jede Regierung hat, unter Genehmigung der Ministerien, ein Verzeichniß der Gegenstände bekannt zu machen, welche hiernach oder nach Orts-Gewohnheit und Bedürfniß in ihrem Bezirk überhaupt oder an gewissen Orten zu den Wochenmarkts-Artikeln gehören.

§. 79. Einrichtungen, nach welchen der Einkauf von Lebensmitteln auf Wochenmärkten einzelnen Klassen von Käufern nicht während der ganzen Dauer des Marktes, sondern nur während einer gewissen Zeit gestattet wird, dürfen nur dann fortbestehen, wenn ihre Beibehaltung in Rücksicht auf örtliche Gewohnheit und Bedürfnisse von der Regierung genehmigt wird.

§. 80. Gegenstände, welche an sich zum Marktverkehr gehören und von außerhalb zum Marktort gebracht werden, dürfen an Markttagen an keinen andern, als an den für den Markt bestimmten, von der Orts-Behörde in genügendem Umfange anzuweisenden Plätzen, auch nicht vor oder in den Thoren gekauft werden. Nähere Bestimmungen hierüber bleiben den einzelnen Marktordnungen vorbehalten.

§. 81. Von der Bestimmung des §. 80 sind diejenigen Gegenstände ausgenommen, welche täglich zum Verkauf in Häusern und auf den Straßen umhergetragen werden dürfen (§ 86). Auch bleibt der Verkauf aus besonderen Lokalen zulässig.

§. 82. Auf Jahrmärkten dürfen, außer den im §. 78 benannten Gegenständen, auch Südfrüchte und ausländische Gewürze, ingleichen Fabrikate aller Art feil gehalten werden

§. 83. Der Verkauf von Getränken und zubereiteten Speisen zum Genuß auf der Stelle darf auf Jahrmärkten nur nach Maaßgabe der örtlichen Gewohnheiten und Bedürfnisse gestattet werden.

§. 84. In den Grenzen der Bestimmungen der §§ 76 bis 83 kann die Polizei-Obrigkeit, unter Genehmigung der Regierung, die Marktordnung nach dem öffentlichen Bedürfniß festsetzen, namentlich auch für das Feilbieten von gleichartigen Gegenständen den Platz, und für das Feilbieten im Umhertragen, mit oder ohne Ausruf, die Tageszeit und die Gattung der Waaren bestimmen.

§. 85. Die Bestimmungen der §§ 76, 77, 79, 80, 81 und 84 finden auch auf diejenigen Märkte Anwendung, welche an einzelnen Orten bei besonderen Gelegenheiten oder für einzelne Gattungen von Gegenständen gehalten werden, z. B. Weihnachtsmärkte, Woll-, Vieh-, Butter-, Garn-, Leinwandmärkte u. d. m.

Hinsichtlich der Gegenstände, welche auf dergleichen Märkte feil gehalten, und der Verkäufer, welche darauf zugelassen werden dürfen, bleibt es bei der bisherigen Observanz. Erweiterungen dieses Marktverkehrs können von der Regierung, nach Vernehmung der Kommunalbehörde, angeordnet werden.

§. 86. In wiefern solche Erzeugnisse, welche nach § 78 Gegenstände des Wochenmarkt-Verkehrs sind, auch außer der Marktzeit, auf offener Straße oder in Fahrzeugen auf öffentlichen Gewässern feil gehalten oder zum Verkauf in Häusern umhergetragen werden dürfen, ist nach dem örtlichen Bedürfnisse und nach den Vorschriften für den Gewerbebetrieb im Umherziehen von der Ortspolizei-Obrigkeit zu bestimmen.

§. 87. Beschränkungen des Verkehrs mit den zu Messen und Märkten gebrachten, aber unverkauft gebliebenen Gegenständen werden hierdurch aufgehoben. Der Einzelnverkauf solcher Gegenstände außer der Marktzeit ist jedoch nur unter denselben Bedingungen zulässig, unter welchen derselbe statthaft sein würde, wenn die Gegenstände nicht auf den Markt gebracht wären.

Titel V.

Taxen.

§. 88. Polizeiliche Taxen sollen, soweit nicht ein Anderes nachstehend angeordnet worden, künftig nicht vorgeschrieben werden; da, wo solche gegenwärtig bestehen, sind dieselben in einer, von der Ortspolizei-Obrigkeit zu bestimmenden, höchstens einjährigen Frist aufzuheben.

§. 89. Brodtaxen können an einzelnen Orten, wenn und so lange dies durch besondere Umstände gerechtfertigt erscheint, mit Genehmigung der Ministerien beibehalten oder eingeführt werden.

§. 90. Die Ortspolizei-Obrigkeit ist ermächtigt, die Bäcker anzuhalten, monatlich die Preise und das Gewicht ihrer verschiedenen Backwaaren durch einen Anschlag im Verkaufslokal zur Kenntniß des Publikums zu bringen.

§. 91 Die Gastwirthe können durch die Ortspolizei-Obrigkeit angehalten werden, das Verzeichniß der von ihnen gestellten Preise einzureichen und in den Gastzimmern anzuschlagen. Diese Preise dürfen zwar mit jedem Monat abgeändert werden, bleiben aber so lange in Kraft, bis die Abänderung der Polizei-Obrigkeit angezeigt, und das abgeänderte Verzeichniß in den Gastzimmern angeschlagen ist.

§. 92. Für Schornsteinfeger und Abdecker können innerhalb der denselben angewiesenen Bezirke von der Ortspolizei-Obrigkeit, oder, wenn der angewiesene Bezirk mehr als eine Ortschaft umfaßt, von dem Landrathe Taxen aufgestellt werden. Ingleichen ist die Ortspolizei-Obrigkeit befugt zur Aufstellung von Taxen für Lohnlakaien und andere Personen, welche auf öffentlichen Straßen und Plätzen oder in Wirthshäusern ihre Dienste anbieten (§. 49), so wie für die Benutzung von Wagen, Pferden, Sänften, Gondeln und andern Transportmitteln, welche öffentlich zum Gebrauche aufgestellt sind.

§. 93. Hinsichtlich der Taxen für die Medizinalpersonen und Apotheker, so wie der Taxen für rohe Bergwerkserzeugnisse wird durch gegenwärtiges Gesetz nichts geändert.

Ein Gleiches gilt in Ansehung der in den §§ 51 und 52 bezeichneten Personen. Für diese sind die Ministerien befugt, auch da Taxen einzuführen, wo dergleichen bisher nicht bestanden.

Titel VI.

Innungen von Gewerbetreibenden.

I. Bestehende Innungen.

§. 94. Alle zur Zeit gesetzlich bestehende Korporationen von Gewerbetreibenden (ältere Innungen) dauern ferner fort. Doch soll die Befugniß zum Betrieb eines Gewerbes, für welches in dem Orte oder Distrikte eine solche Korporation (Innung) besteht, von dem Beitritt zu derselben nirgends abhängig sein.

Soweit aber der Erwerb der kaufmännischen Rechte, nach den bestehenden Vorschriften, durch den Beitritt zur kaufmännischen Korporation bedingt ist, behält es dabei sein Bewenden.

§. 95. Die Statuten der älteren Innungen (§. 94) sollen einer Revision unterworfen und, mit Berücksichtigung der Vorschriften der §§. 101 bis 117, so weit es nöthig ist, abgeändert werden. Diese Abänderung kann auch dahin gehen, daß mehrere getrennte Innungen zu einer gemeinsamen Innung vereinigt werden.

Die Feststellung und Bestätigung der revidirten Statuten erfolgt durch die Ministerien. Verweigert eine Innung die Annahme der revidirten Statuten, so wird dieselbe aufgelöst.

§. 96. Die Mitglieder der gegenwärtig bestehenden Innungen können, nach vollständiger Erfüllung ihrer Verpflichtungen, ausscheiden und dürfen das Gewerbe nach dem Austritte fortsetzen.

§. 97. Eine solche Innung kann sich durch eigenen Beschluß nur dann auflösen, wenn zwei Drittheile der stimmberechtigten Mitglieder dafür stimmen, die Berichtigung der vorhandenen Schulden sicher gestellt ist und die Auflösung von der Regierung genehmigt wird.

§. 98. Gegen ihren Willen kann eine Innung, außer dem am Schlusse des §. 95 erwähnten Falle, nur aus überwiegenden Gründen des Gemeinwohls durch die Ministerien aufgehoben werden.

§. 99. Im Falle der Auflösung einer Innung muß das Vermögen zuvörderst zur Berichtigung ihrer Schulden und zur Erfüllung ihrer sonstigen Verpflichtungen verwendet werden. Der sodann verbleibende Ueberschuß ist zunächst zur Befriedigung der etwa vorhandenen Entschädigungsansprüche für aufgehobene ausschließliche Berechtigungen einzelner Mitglieder (§. 10) zu verwenden. Soweit der Ueberschuß dazu nicht erforderlich und in den Statuten nicht ein Anderes ausdrücklich bestimmt ist, wird derselbe der Gemeinde, in welcher die aufgelöste Innung ihren Sitz hatte, zur Benutzung für gemeinnützige Zwecke überwiesen; die Verwendung kann nach dem Ermessen der Gemeinde auch zur Bezahlung derjenigen Schulden anderer aufgelöster Innungen erfolgen, welche aus deren Vermögen nicht gedeckt werden.

§. 100. Werden mehrere Innungen zu einer gemeinsamen Innung vereinigt (§ 95), so kann das Vermögen derselben mit ihrer Einwilligung der neuen Innung überwiesen werden. Soweit eine Vereinbarung über das Vermögen der seither getrennten Innungen nicht erreicht wird, ist nach den Vorschriften des §. 99 zu verfahren.

II. Neue Innungen.

1) Innungen, bei denen die Mitgliedschaft von einer besonderen Aufnahme abhängig ist.

§. 101. Diejenigen, welche an demselben Orte gleiche oder verwandte Gewerbe selbstständig betreiben, können zu einer Innung zusammentreten. Die Bildung einer solchen neuen Innung ist jedoch für diejenigen Gewerbe, für welche am Orte eine ältere Innung besteht, nur dann zulässig, wenn die ältere Innung aufgelöst oder mit der neuen Innung verschmolzen wird.

Neue Innungen erlangen durch die Bestätigung ihrer Statuten die Rechte einer Korporation. Ausschließliche Gewerbeberechtigungen dürfen denselben niemals beigelegt werden.

§. 102. Zur Bildung einer Innung sind erforderlich: in den Städten Berlin, Breslau, Königsberg, Danzig, Elbing, Posen, Potsdam, Frankfurt, Stettin, Stralsund, Magdeburg, Halberstadt, Halle, Erfurt, Münster, Köln, Düsseldorf, Elberfeld, Barmen, Krefeld, Aachen, Koblenz und Trier 24 Personen, welche ihr Gewerbe bereits ein Jahr hindurch selbstständig betrieben oder einer aufgelösten älteren Innung angehört haben, in allen übrigen Orten 12 dergleichen Personen.

Die Ministerien sind jedoch ermächtigt, nach Umständen die Bildung von Innungen auch bei einer geringeren Zahl von Theilnehmern zu genehmigen, andererseits auch in kleinern Städten die geringste Zahl der Theilnehmer bis auf 24 zu erhöhen, ingleichen zu gestatten, daß die Gewerbetreibenden mehrerer Ortschaften zu einer gemeinschaftlichen Innung sich verbinden.

§. 103. Von der Theilnahme an der Bildung einer Innung sind ausgeschlossen Diejenigen,

1) welche wegen eines von ehrloser Gesinnung zeugenden Verbrechens, insbesondere wegen Meineides, Raubes, Diebstahls oder Betruges verurtheilt worden sind;
2) welche in Kriminaluntersuchung oder in Konkurs sich befinden, oder
3) welchen die Befugniß zum Gewerbebetriebe eine Zeit lang entzogen war; diese können jedoch von der Kommunalbehörde zugelassen werden, wenn sie sich dessen durch ihr nachheriges Verhalten würdig gezeigt haben.

Auch ist die Kommunalbehörde ermächtigt, Diejenigen auszuschließen, welche in irgend einer Kriminaluntersuchung nur vorläufig freigesprochen worden sind, oder sich durch einzelne Handlungen oder durch ihre Lebensweise die öffentliche Verachtung zugezogen haben.

§. 104. Der Zweck der neu zu gründenden Innungen (§. 101) besteht in der Förderung der gemeinsamen gewerblichen Interessen; insonderheit sollen die Innungen

1) die Aufnahme, die Ausbildung und das Betragen der Lehrlinge, Gesellen und Gehülfen der Innungsgenossen beaufsichtigen,
2) die Verwaltung der Kranken-, Sterbe-, Hülfs- und Sparkassen der Innungsgenossen leiten,
3) der Fürsorge für die Wittwen und Waisen der Innungsgenossen, namentlich durch Förderung der Erziehung und des gewerblichen Fortkommens der Waisen, sich unterziehen.

§ 105. Die Leitung der Vorberathungen wegen Errichtung einer Innung steht der Kommunalbehörde unter Aufsicht der Regierung, die Feststellung und Bestätigung der Statuten aber den Ministerien zu.

§. 106. In den Statuten sind die Bedingungen der Aufnahme in die Innung, die Rechte und Pflichten der Mitglieder, so wie die Gründe, aus denen ihre Ausschließung erfolgen kann, ingleichen die Einrichtungen für die Verwaltung der gemeinschaftlichen Angelegenheiten festzusetzen und dabei die Anträge der Gewerbetreibenden, welche zu einer Innung zusammentreten wollen, besonders zu berücksichtigen.

§. 107. Denjenigen, welche nach den Bestimmungen des §. 103 unter 1. und 2. von der Theilnahme an der Bildung einer neuen Innung unbedingt ausgeschlossen sind, darf auch der Eintritt in eine bereits gebildete Innung nicht gestattet werden. In den Fällen, in welchen nach §. 103 die Kommunalbehörde bei der Bildung einer neuen Innung über die Zulassung oder Ausschließung zu bestimmen befugt ist, hat über die Aufnahme in eine bereits gebildete Innung die Innung selbst zu beschließen; zu dem Beschlusse ist jedoch, wenn dadurch die Aufnahme ausgesprochen wird, die Zustimmung der Kommunalbehörde erforderlich.

§. 108. Jedes neu aufzunehmende Mitglied muß die Befähigung zum Betriebe seines Gewerbes besonders nachweisen.

Die Prüfungszeugnisse der für einzelne Gewerbe angeordneten Prüfungs-Behörden, der Ober-Baudeputation oder des technischen Gewerbe-Instituts, so wie die von der Akademie der Künste über die Aufnahme und Einschreibung bei derselben ausgefertigten Diplome sind als genügender Nachweis der Befähigung zum Betriebe der Gewerbe, über welche sie ausgestellt sind, anzusehen. Auch bedürfen Mitglieder älterer Innungen keines besonderen Nachweises der Befähigung.

In allen anderen Fällen muß das aufzunehmende Mitglied seine Befähigung durch eine, nach den Bestimmungen des Titels VIII. abgelegte Prüfung nachweisen.

Diese Prüfung kann jedoch Denjenigen, die das Gewerbe an demselben oder an einem andern Orte schon einige Zeit hindurch mit Auszeichnung selbstständig betrieben haben, durch einen Beschluß der Innung erlassen werden; zu diesem Beschlusse ist jedoch bei den im §. 131 genannten Gewerben die Zustimmung der Prüfungsbehörde (§§. 162, 167), bei allen anderen Gewerben die Genehmigung der Kommunalbehörde erforderlich.

§. 109. Die §§. 107, 108 finden auf die kaufmännischen Korporationen keine Anwendung; in Ansehung dieser bewendet es bei den bestehenden Vorschriften.

§. 110. Bei der Aufnahme in eine Innung ist die Erhebung eines mäßigen Antrittsgeldes zulässig, dessen Betrag durch das Statut und zwar für alle Genossen der Innung gleichmäßig festgesetzt werden muß.

§. 111. Der Beitritt zu einer Innung schließt die Befugniß nicht aus, zugleich solche Gewerbe, für welche die Innung nicht gebildet ist, zu betreiben, so wie an anderen Innungen Theil zu nehmen. Es kann jedoch einem Gewerbetreibenden der Zutritt zu einer außerhalb seines Wohnorts bestehenden Innung nur dann gestattet werden, wenn an seinem Wohnorte für das von ihm betriebene Gewerbe eine Innung nicht vorhanden ist.

§. 112. Jede Innung muß einen oder mehrere Vorsteher haben, welche von den Mitgliedern zu wählen und durch die Kommunalbehörde zu bestätigen sind.

§. 113. Jeder Berathung der Innung muß ein Mitglied der Kommunalbehörde beiwohnen, um über die Gesetzmäßigkeit der Beschlüsse zu wachen. Dasselbe darf kein Gewerbe derjenigen Art betreiben, für welche diese Innung gebildet ist.

§. 114. Der Maaßstab, nach welchem laufende Beiträge der Innungsgenossen auszuschreiben sind, und die besonderen Folgen, welche an die Nichtentrichtung derselben sich knüpfen, sind in den Statuten festzustellen. Insbesondere kann darin auch die exekutivische Beitreibung dieser Beiträge im Verwaltungswege und das dabei Statt findende Verfahren bestimmt werden.

Die Höhe und die Verwendung der Beiträge, so wie die Verwaltung des Etats-, Kassen- und Rechnungswesens, wird durch Beschlüsse der Innung unter Aufsicht der Kommunalbehörde geordnet.

§. 115. Nur diejenigen Mitglieder der Innung, welche ihr Gewerbe während des vorhergehenden Jahres selbstständig betrieben haben, sind berechtigt, bei den Beschlüssen mitzustimmen.

Durch die Statuten kann das Stimmrecht von einem gewissen Umfange des Gewerbebetriebes abhängig gemacht oder verschiedenartig abgestuft werden.

§ 116 Der Austritt aus der Innung ist unter der im § 96 bezeichneten Bedingung gestattet.

§. 117. Ein Mitglied, welches sich solcher Handlungen oder Verbrechen schuldig macht, die nach Vorschrift des §. 107 von der Aufnahme in eine Innung unbedingt ausschließen würden, muß aus der Innung ausscheiden. Auch kann unter denselben Voraussetzungen, unter denen nach §. 107 die Aufnahme versagt werden darf, ein Mitglied durch Beschluß der Innung, unter Zustimmung der Kommunalbehörde, wieder ausgestoßen werden.

Die Befugniß zum ferneren Betriebe des Gewerbes ist jedoch von dem Verluste der Mitgliedschaft nicht abhängig

2) Innungen, bei denen eine besondere Aufnahme nicht erforderlich ist.

§. 118 Aus Denjenigen, welche an demselben Orte gleiche oder verwandte Gewerbe selbstständig betreiben, kann auf Grund eines Gemeindebeschlusses, im Einverständnisse mit der betheiligten Innung, oder, wenn eine solche nicht vorhanden ist, nach Anhörung betheiligter Gewerbetreibenden, eine Innung auch in der Art gebildet werden, daß derselben alle Gewerbetreibende dieser Gattung ohne Nachweis der Befähigung lediglich durch den Beginn ihres Gewerbes angehören

Ausgenommen hiervon sind Diejenigen,

1) welche ausdrücklich erklärt haben, der Innung nicht beitreten oder aus derselben ausscheiden zu wollen, oder
2) welche wegen Verbrechen oder unwürdiger Handlungen durch Beschluß der Innung, unter Zustimmung der Kommunalbehörde, ausgeschlossen worden sind.

§. 119. In den Innungen dieser Art (§. 118) steht Stimmrecht und Theilnahme an der Verwaltung denjenigen Mitgliedern nicht zu,

1) welche ihre Befähigung zum Betriebe des Gewerbes nicht nach §. 108 nachgewiesen haben,
2) welche wegen eines von ehrloser Gesinnung zeugenden Verbrechens, insbesondere wegen Meineides, Raubes, Diebstahls oder Betruges verurtheilt worden sind, oder
3) welche in Kriminaluntersuchung oder in Konkurs sich befinden.

Auch können von dem Stimmrechte und der Theilnahme an der Verwaltung durch Beschluß der Innung, unter Zustimmung der Kommunalbehörde, Diejenigen ausgeschlossen werden,

a. welchen die Befugniß zum Gewerbebetriebe eine Zeit lang entzogen war, oder

b. welche in irgend einer Kriminaluntersuchung nur vorläufig freigesprochen worden sind, oder sich durch einzelne Handlungen oder durch ihre Lebensweise die öffentliche Verachtung zugezogen haben.

3) Gemeinsame Bestimmungen.

§. 120. Die Gewerbetreibenden, welche zu einer Innung zusammentreten wollen, konnen bei Aufstellung der Statuten von den Vorschriften der §§ 101 ff. nur in soweit abweichen, als die Gemeinde damit einverstanden ist, und die im §. 170 bestimmten Grenzen nicht überschritten werden

Ein Gleiches findet Statt, wenn bei Abänderung bestehender Statuten dergleichen Abweichungen herbeigeführt werden sollen.

§ 121. Die Statuten der umgebildeten älteren, so wie der neugebildeten Innungen, können auf den Antrag der Betheiligten oder im öffentlichen Interesse von Amtswegen jederzeit revidirt und unter Bestätigung der Ministerien abgeändert werden.

Wegen Auflösung dieser Innungen durch Beschluß der Mitglieder oder nach Anordnung der Ministerien finden dieselben Vorschriften Anwendung, welche in den §§ 97 bis 99 über die Auflösung der zur Zeit bestehenden Innungen enthalten sind.

§ 122. Streitigkeiten über die Aufnahme und Ausschließung von Mitgliedern, so wie über die Rechte und Pflichten derselben und der Vorstände, sind von der Kommunalbehörde zu entscheiden Gegen diese Entscheidung steht der Rekurs an die Regierung offen, welcher binnen einer präklusivischen Frist von vier Wochen bei der Kommunalbehörde anzumelden ist.

§. 123. Die Innungen oder deren Vorsteher sind vorzugsweise berufen, sachverständige Gutachten in Angelegenheiten ihrer Gewerbe abzugeben. In den gesetzlichen Vorschriften über die Auswahl von Sachverständigen in Prozessen wird hierdurch nichts geändert

§. 124. Gesellschaften zum Gewerbebetriebe auf gemeinschaftliche Rechnung oder zur gemeinschaftlichen Benutzung gewerblicher Anlagen und Einrichtungen sind nicht nach den Bestimmungen dieses Titels zu beurtheilen.

Titel. VII.

Gewerbegehülfen, Gesellen, Fabrikarbeiter und Lehrlinge.

1. Befugniß, Gesellen, Gehülfen und Lehrlinge zu halten.

§. 125. Wer befugt ist, ein stehendes Gewerbe selbstständig zu betreiben, hat auch das Recht, Gehülfen und Gesellen zu halten.

§ 126. Die Befugniß, Lehrlinge zu halten, steht einem Jeden zu, der zum selbstständigen Betriebe eines stehenden Gewerbes befugt ist, soweit nicht die Bestimmungen der §§. 127 bis 132 Beschränkungen enthalten.

§. 127. Von der Befugniß Lehrlinge zu halten, sind ausgeschlossen Diejenigen,

1) welche wegen eines von ehrloser Gesinnung zeugenden Verbrechens, insbesondere wegen Meineides, Raubes, Diebstahls oder Betruges verurtheilt worden sind.
2) welche in Kriminaluntersuchung oder in Konkurs sich befinden, oder
3) welchen die Befugniß zum Gewerbebetriebe eine Zeit lang entzogen war; diesen kann jedoch von der Kommunalbehörde die Annahme von Lehrlingen gestattet werden, wenn sie sich dessen durch ihr nachheriges Verhalten würdig gezeigt haben.

§. 128. Die Kommunalbehörde ist ermächtigt, vorbehaltlich des Rekurses an die Regierung, Diejenigen von der Befugniß, Lehrlinge zu halten, auszuschließen, welche in irgend einer Kriminaluntersuchung nur vorläufig freigesprochen worden sind, oder sich durch einzelne Handlungen oder durch ihre Lebensweise die öffentliche Verachtung zugezogen haben.

§. 129. Durch Beschluß der Regierung kann Gewerbetreibenden, welche sich grober Pflichtwidrigkeiten hinsichtlich der ihnen anvertrauten Lehrlinge schuldig gemacht, oder nach erfolgter Bestrafung zu neuen begründeten Beschwerden Anlaß gegeben haben, die Befugniß, Lehrlinge zu halten, für immer oder auf gewisse Zeit entzogen werden.

Gegen einen solchen Beschluß der Regierung ist nur der Rekurs an die Ministerien zulässig.

§. 130. In den Fällen, in denen nach den §§ 127 bis 129 die Ausschließung von der Befugniß, Lehrlinge zu halten, Statt findet, darf der Lehrherr auch die bereits angenommenen Lehrlinge nicht ferner beibehalten; in den Fällen des §. 127 zu 2. ist jedoch der Lehrherr zur Entlassung der Lehrlinge nur dann verpflichtet, wenn solche von der Kommunalbehörde verlangt wird.

§. 131. Die nachstehend benannten Gewerbetreibenden erlangen die Befugniß, Lehrlinge zu halten, sofern ihnen solche bei Publikation dieses Gesetzes nicht bereits zustand, nur dadurch, daß sie entweder in eine ältere oder neuere Innung, nach vorgängigem Nachweise der Befähigung zum Betriebe ihres Gewerbes, aufgenommen werden, oder diese Befähigung besonders nachweisen (§. 132).

Diese Gewerbetreibenden sind:

Gerber aller Art, Lederbereiter, Ledertauer, Korduaner, Pergamenter, Schuhmacher, Handschuhmacher, Beutler, Kürschner, Riemer, Sattler, Seiler, Reifschläger, Schneider, Hutmacher, Tischler, Rademacher, Stellmacher, Böttcher, Drechsler in Holz und Horn, Töpfer, Grobschmiede, Hufschmiede, Waffenschmiede, Schlosser, Zirkelschmiede, Zeugschmiede, Bohrschmiede, Sägeschmiede, Messerschmiede, Büchsenschmiede, Sporer, Feilenhauer, Kupferschmiede, Rothgießer, Gelbgießer, Glockengießer, Gürtler, Zinngießer, Klempner, Buchbinder, Färber.

Die Regierungen können jedoch, nach Maaßgabe der örtlichen Verhältnisse, unter Genehmigung der Ministerien, den Nachweis der Befähigung für einzelne der vorstehend benannten Gewerbe erlassen, so wie für andere, als diese Gewerbe anordnen.

§. 132. Der Nachweis der Befähigung muß durch eine, nach den Bestimmungen des Titel VIII. abgelegte Prüfung geführt werden.

Die Ablegung einer förmlichen Prüfung kann jedoch Denjenigen, welche das Gewerbe schon einige Zeit hindurch mit Auszeichnung selbstständig betrieben haben, von der Prüfungsbehörde (§§. 162, 167) erlassen werden, wenn diese sich auf andere Weise die Ueberzeugung verschafft hat, daß der zu Prüfende die zum Betriebe seines Gewerbes erforderlichen Kenntnisse und Geschicklichkeiten besitzt.

§. 133. Einem Gewerbetreibenden, welcher nach den §§. 126 bis 132 nicht befugt ist, Lehrlinge zu halten, ist deren Annahme oder Beibehaltung in den Städten durch die Kommunalbehörde, auf dem Lande durch die Polizeiobrigkeit zu untersagen. Das Verbot kann im Wege der polizeilichen Exekution zur Ausführung gebracht werden.

II. Verhältniß der Gesellen, Gehülfen und Lehrlinge:

1) im Allgemeinen.

§. 134. Die Festsetzung der Verhältnisse zwischen den selbstständigen Gewerbetreibenden und ihren Gesellen, Gehülfen und Lehrlingen ist Gegenstand freier Uebereinkunft.

§. 135. In Ermangelung vertragsmäßiger Bestimmungen sind diese Verhältnisse, insofern die selbstständigen Gewerbetreibenden einer Innung angehören, nach den Innungsstatuten, in andern Fällen aber, ingleichen wenn die Vorschriften der Statuten nicht ausreichen, nach dem gegenwärtigen Gesetze zu beurtheilen.

§. 136. Die Ortspolizei-Obrigkeit hat darauf zu achten, daß bei Beschäftigung und Behandlung der Gesellen, Gehülfen und Lehrlinge gebührende Rücksicht auf Gesundheit und Sittlichkeit genommen und Denjenigen, welche des Schul- und Religionsunterrichts noch bedürfen, Zeit dazu gelassen werde.

§. 137. Streitigkeiten der selbstständigen Gewerbetreibenden mit ihren Gesellen, Gehülfen oder Lehrlingen, die sich auf den Antritt, die Fortsetzung oder Aufhebung des Arbeits- oder Lehrverhältnisses, oder auf die gegenseitigen Leistungen während der Dauer desselben beziehen, sind, soweit für diese Angelegenheiten besondere Behörden bestehen, bei diesen zur Entscheidung zu bringen.

In soweit solche besondere Behörden nicht bestehen, erfolgt die Entscheidung,

1) wenn der selbstständige Gewerbetreibende Mitglied einer Innung ist, durch die Innungsvorsteher, unter dem Vorsitze eines Mitgliedes der Kommunalbehörde,
2) in anderen Fällen durch die Ortspolizei-Obrigkeit.

Gegen diese Entscheidung steht den Betheiligten die Berufung auf den Rechtsweg binnen zehn Tagen präklusivischer Frist offen; die vorläufige Vollstreckung wird aber hierdurch nicht aufgehalten.

2) insbesondere:

a) der Gesellen und Gehülfen.

§. 138. Die Gesellen und Gehülfen sind verpflichtet, dem Arbeitsherrn Achtung zu erweisen und seinen Anordnungen in Beziehung auf die ihnen übertragenen Arbeiten und auf die häuslichen Einrichtungen Folge zu leisten; zu häuslichen Arbeiten sind sie nicht verbunden.

§. 139. Das Verhältniß zwischen dem Arbeitsherrn und den Gesellen oder Gehülfen kann, wenn nicht ein Anderes verabredet ist, durch eine, jedem Theile freistehende, vierzehn Tage vorher erklärte Aufkündigung aufgelöst werden.

§. 140. Vor Ablauf der vertragsmäßigen Arbeitszeit und ohne vorhergegangene Aufkündigung können Gesellen und Gehülfen entlassen werden:

1) wenn sie eines Diebstahls, einer Veruntreuung, eines liederlichen Lebenswandels, groben Ungehorsams oder beharrlicher Widerspenstigkeit sich schuldig machen;
2) wenn sie, der Verwarnung ungeachtet, mit Feuer und Licht unvorsichtig umgehen;
3) wenn sie sich Thätlichkeiten oder Schmähungen gegen den Arbeitsherrn oder die Mitglieder seiner Familie erlauben;
4) wenn sie mit den Mitgliedern der Familie des Arbeitsherrn oder mit ihren Mitarbeitern verdächtigen Umgang pflegen, oder sonst dieselben zum Bösen verleiten;
5) wenn sie zur Fortsetzung der Arbeit unfähig geworden, oder mit einer ekelhaften Krankheit behaftet sind.

In wiefern in den zu 5. gedachten Fällen dem Entlassenen ein Anspruch auf Entschädigung zustehe, ist nach dem besondern Inhalt des Vertrags und nach den allgemeinen gesetzlichen Vorschriften zu beurtheilen.

§. 141. Die Gesellen und Gehülfen können die Arbeit vor Ablauf der vertragsmäßigen Zeit und ohne vorhergegangene Aufkündigung verlassen:

1) wenn sie zur Fortsetzung der Arbeit unfähig werden;
2) wenn der Arbeitsherr sich thätlich an ihnen vergreift;
3) wenn er sie zu Handlungen hat verleiten wollen, welche wider die Gesetze oder wider die guten Sitten laufen;
4) wenn er ihnen den versprochenen Lohn oder die sonstigen Gegenleistungen ohne genügende Veranlassung vorenthält.

§. 142 Beim Abgang können die Gesellen und Gehülfen ein Zeugniß über die Art und Dauer ihrer Beschäftigung fordern, welches, wenn gegen den Inhalt sich nichts zu erinnern findet, in den Städten von der Kommunalbehörde, auf dem Lande von der Orts-polizei-Obrigkeit, kosten- und stempelfrei zu beglaubigen ist. Dieses Zeugniß ist auf Verlangen der Gesellen und Gehülfen auch auf ihre Führung auszudehnen.

§. 143. Eine Verpflichtung zum Wandern findet nicht Statt. Auf besondere Unterstützung von Seiten der Gewerbegenossen haben wandernde Gesellen und Gehülfen keinen Anspruch.

§. 144. Den Gesellen und Gehülfen ist die Beibehaltung der zur gegenseitigen Unterstützung vorhandenen besonderen Verbindungen und Kassen gestattet; es bleibt jedoch vorbehalten, die Einrichtungen derselben nach Befinden abzuändern und zu ergänzen. Auch können dergleichen Verbindungen und Kassen mit Genehmigung der Regierung, unter den von dieser festzusetzenden Bedingungen, neu gebildet werden. Ein Geselle oder Gehülfe darf deshalb, weil er nicht bei einem Innungsgenossen arbeitet, von dem Beitritte zu solchen Verbindungen und Kassen nicht ausgeschlossen werden.

§ 145. Die Bestimmungen der §§. 134 bis 144 finden auch auf Fabrikarbeiter Anwendung.

b) der Lehrlinge.

§. 146. Als Lehrlinge sind nur diejenigen Personen zu betrachten, welche in der durch einen Lehrvertrag ausgesprochenen Absicht bei einem Lehrherrn eintreten, um gegen Lehrgeld oder unentgeltliche Hülfsleistung ein Gewerbe bis zu derjenigen Fertigkeit zu erlernen, welche sie zu Gesellen befähigt (§. 157).

§. 147. Die Aufnahme eines Lehrlings erfolgt, wenn derselbe bei dem Genossen einer Innung eintritt, vor der Innung.

Tritt der Lehrling bei einem andern Gewerbetreibenden ein, so erfolgt die Aufnahme in den Städten vor der Kommunalbehörde, auf dem Lande vor der Ortspolizei-Obrigkeit, und zwar in diesen beiden Fällen mit Zuziehung zweier unbescholtener Gemeindemitglieder, wo möglich solcher, welche dasselbe Gewerbe selbstständig treiben.

§. 148. Vor der Aufnahme ist festzustellen, ob der Lehrherr befugt ist, Lehrlinge zu halten (§§. 126 bis 132).

Der Lehrling muß darthun, daß er lesen, schreiben und rechnen kann, ingleichen durch eine Bescheinigung seines Religionslehrers nachweisen, daß er in der Glaubens- und Sittenlehre genügende Kenntnisse besitzt Nur aus erheblichen Gründen darf einem Mangel an diesen Kenntnissen nachgesehen werden. Der Lehrherr ist alsdann verpflichtet, für die Nachhülfe nach den Anordnungen der Ortsschulbehörde zu sorgen.

§. 149. Die Verabredungen über die Lehrzeit, das Lehrgeld und die sonstigen Bedingungen sind bei der Aufnahme zu verzeichnen.

§ 150. Der Lehrherr muß sich angelegen sein lassen, den Lehrling durch Beschäftigung und Anweisung zum tüchtigen Gesellen auszubilden. Er darf dem Lehrlinge die hierzu erforderliche Zeit und Gelegenheit durch Verwendung zu anderen Dienstleistungen nicht entziehen. Der Lehrherr muß bemüht sein, den Lehrling zur Arbeitsamkeit und zu guten Sitten anzuhalten, und vor Lastern und Ausschweifungen zu bewahren.

§. 151. Der Lehrling ist der väterlichen Zucht des Lehrherrn unterworfen und in Abwesenheit des Lehrherrn auch dem, denselben vertretenden Gesellen oder Gehülfen zur Folgsamkeit verpflichtet.

§. 152 Das Lehrverhältniß kann in den Fällen, welche im §. 140 bezeichnet sind, von dem Lehrherrn vor Ablauf. der Lehrzeit aufgehoben werden. Sind für einen solchen Fall keine besonderen Verabredungen getroffen, so ist das Lehrgeld nicht nur für die bereits abgelaufene Zeit, sondern auch für das laufende Jahr zu entrichten.

§. 153. Wider den Willen des Lehrherrn kann das Verhältniß vor Ablauf der Lehrzeit aufgehoben werden, wenn der Lehrherr die ihm nach §. 150 obliegenden Verpflichtungen gröblich vernachlässigt oder das Recht der väterlichen Zucht mißbraucht.

Bei Lehrlingen der Genossen von Innungen hat die Innung, bei anderen Lehrlingen aber in den Städten die Kommunalbehörde, auf dem Lande die Ortspolizei-Obrigkeit, mit Ausschluß des Rechtsweges zu entscheiden, ob der Fall einer solchen Vernachlässigung oder eines solchen Mißbrauchs vorhanden ist.

In diesen Fällen kann der Lehrherr zur Erstattung der durch die anderweitige Unterbringung des Lehrlings entstehenden Mehrkosten im Rechtswege angehalten werden.

Dasselbe gilt von dem Falle, wenn dem Lehrherrn die Befugniß, Lehrlinge zu halten, entzogen wird (§. 130).

§. 154. Wider den Willen des Lehrherrn kann das Verhältniß vor Ablauf der Lehrzeit aufgehoben werden, wenn der Lehrling zu einem andern Gewerbe oder zu einem andern Berufe übergeht. Dem Lehrherrn ist in diesem Falle, wenn nicht ein Anderes verabredet worden, das Lehrgeld noch für einen halbjährigen Zeitraum nach Ablauf des Quartals zu zahlen, in welchem der Lehrling abgeht.

§. 155. Durch den Tod des Lehrherrn oder Lehrlings wird der Lehrvertrag aufgehoben.

Auf den Antrag des einen oder des andern Theils ist der Lehrvertrag auch dann aufzuheben, wenn der Lehrherr oder der Lehrling zur Erfüllung der eingegangenen Verpflichtungen unfähig wird.

In beiden Fällen erfolgt die Auseinandersetzung hinsichtlich des Lehrgeldes nach Verhältniß des bereits abgelaufenen Theils der Lehrzeit zur ganzen Dauer deselben.

§. 156. Bei Auflösung des Lehrverhältnisses kann der Lehrling über die Dauer der Lehrzeit und die während derselben erworbenen Kenntnisse und Fertigkeiten, so wie über sein Betragen vom Lehrherrn ein Zeugniß fordern, welches, wenn gegen den Inhalt sich nichts zu erinnern findet, in den Städten von der Kommunalbehörde, auf dem Lande von der Ortspolizei-Obrigkeit kosten- und stempelfrei zu beglaubigen ist.

§. 157. Nach vollständiger Erfüllung des Lehrvertrages kann der Lehrling auch darauf antragen, daß er über die einem Gesellen nöthigen Kenntnisse und Fertigkeiten geprüft und förmlich entlassen werde.

Die Prüfung und Entlassung des Lehrlings erfolgt, wenn derselbe bei dem Genossen einer Innung gelernt hat, durch die Innung.

Hat der Lehrling bei einem anderen Gewerbetreibenden in der Lehre gestanden, so erfolgt die Prüfung und Entlassung, unter Zuziehung geeigneter Sachverständigen, in den Städten durch die Kommunalbehörde, auf dem Lande durch die Ortspolizei-Obrigkeit. Die Kommunalbehörde oder die Polizei-Obrigkeit ist jedoch ermächtigt, die Prüfung durch eine in der Nähe befindliche Prüfungsbehörde (§§ 162. 167) zu veranlassen.

Eben so bleibt den Lehrlingen, welche nicht bei Innungsgenossen gelernt haben, freigestellt, die Prüfung vor einer Prüfungsbehörde (§§. 162, 167) abzulegen. Diese hat ihnen nach genügend bestandener Prüfung, hierüber ein Zeugniß zu ertheilen, auf dessen Grund die Kommunalbehörde oder die Ortspolizei-Obrigkeit die Entlassung bewirken und das Entlassungszeugniß ausfertigen muß.

§. 158. Die Innungen, die Kommunalbehörden und die Ortspolizei-Obrigkeiten haben über die Aufnahme und Entlassung der Lehrlinge vollständige Verzeichnisse zu führen.

§. 159. Für die Aufnahme und Entlassung der Lehrlinge dürfen keine Gebühren erhoben, sondern nur die baaren Auslagen, als: Stempel, Kopialien, Diäten für die einzelnen Innungsgenossen und Sachverständigen, welche die Prüfung bewirkt haben u. s. w., in Ansatz gebracht werden.

§. 160. Personen, welche nach der über ihre Unterweisung in gewerblichen Kenntnissen und Fertigkeiten mit selbstständigen Gewerbetreibenden getroffenen Uebereinkunft nicht als Lehrlinge anzusehen sind (§§. 146—159), oder das Gewerbe in anderer Weise, als bei einem selbstständigen Gewerbetreibenden, erlernt haben, können, wenn sie bei den Genossen einer Innung unterwiesen worden sind, bei der Innung, sonst aber bei der Kommunalbehörde oder Polizeiobrigkeit darauf antragen, daß sie über die einem Gesellen nöthigen Kenntnisse und Fertigkeiten (§§. 148, 157) geprüft werden und daß ihnen, nach genügend bestandener Prüfung, hierüber ein Zeugniß ertheilt werde.

§ 161. Die Bestimmungen der §§ 134 bis 160 finden auf die Gehülfen und Lehrlinge der Apotheker und Kaufleute, ingleichen auf die Werkmeister in Fabriken keine Anwendung. Die Verhältnisse derselben zu ihren Lehr- und Arbeitsherren sind fernerhin nach den bisherigen Vorschriften zu beurtheilen.

Titel VIII.

Prüfungen für die Aufnahme in Innungen und für die Befugniß zur Annahme von Lehrlingen.

§. 162. Für die in den §§ 108 u. 132 angeordneten Prüfungen sind beständige Orts- oder Distrikts-Prüfungsbehörden zu bilden, wo dies von den Regierungen, nach den örtlichen und gewerblichen Verhältnissen, für nöthig erachtet wird.

Die Prüfungsbehörden werden aus den geschicktesten und geachtetsten Gewerbetreibenden dergestalt zusammengesetzt, daß die Hauptgattungen der in dem Orte oder Distrikte betriebenen Gewerbe darin vertreten sind. Die Mitglieder werden durch die Kommunalbehörde des Ortes, welcher zum Sitz der Prüfungsbehörde bestimmt ist, unter Genehmigung der Regierung ernannt, wobei auf Genossen der Innungen vorzugsweise Rücksicht zu nehmen ist. Ein Mitglied der Kommunalbehörde führt in der Prüfungsbehörde den Vorsitz; der Vorsitzende darf nicht selbst Gewerbetreibender sein.

§ 163. Die Prüfung wird unter Leitung des Vorsitzenden bewirkt durch ein bis drei Mitglieder der Prüfungsbehörde und durch eine gleiche Anzahl selbstständiger Gewerbetreibender von dem Gewerbe des zu Prüfenden, welche von der Prüfungsbehörde hierzu ausgewählt werden. Bei dieser Auswahl ist auf Genossen der Innungen vorzugsweise Rücksicht zu nehmen.

§. 164. Der zu Prüfende muß durch Lösung von Aufgaben darthun, daß er befähigt sei, die gewöhnlichen Arbeiten seines Gewerbes selbstständig auszuführen. Auf eine bestimmte Art und Weise, wie der zu Prüfende die nöthigen Kenntnisse und Fertigkeiten erworben habe, kommt es hierbei nicht an; jedoch kann ein Nachweis darüber verlangt werden, daß derselbe schon ein Jahr lang in dem Gewerbe beschäftigt gewesen sei.

In Ansehung der bei der Prüfung zu stellenden Aufgaben bleibt den Ministerien die Ertheilung näherer Anweisungen vorbehalten.

§. 165. Für die Prüfung ist eine bestimmte Gebühr an die Kasse der Prüfungs-Behörde zu entrichten; außerdem hat der zu Prüfende keine weiteren Kosten zu tragen, als den Aufwand, welcher durch die aufgegebenen Arbeiten nothwendig entsteht.

§. 166. Ist der Geprüfte befähigt gefunden worden, so wird demselben darüber von der Prüfungsbehörde ein Zeugniß ertheilt.

Dieses Zeugniß gilt als Nachweis der Befähigung sowohl für die Aufnahme in eine Innung, als für die Annahme von Lehrlingen.

Eine Wiederholung der Prüfung kann von Demjenigen, welcher ein solches Zeugniß besitzt, auch bei Veränderung seines Wohnorts nicht verlangt werden.

§. 167. Bis zur Errichtung der Prüfungsbehörden (§. 162) haben die Regierungen zu bestimmen, in welcher Art und durch welche Personen die Prüfungen zu bewirken sind.

Titel IX.

Ortsstatuten.

§. 168. Die Vorschriften der Titel VI. und VII. in Ansehung der Innungen, so wie der Gesellen, Gehülfen und Lehrlinge können für alle oder für einzelne Arten von Gewerben, unter den im §. 170 festgesetzten Beschränkungen, durch Ortsstatuten mit Genehmigung der Ministerien abgeändert werden.

Dergleichen Statuten werden auf Grund eines Gemeindebeschlusses abgefaßt; es müssen jedoch zuvor betheiligte Gewerbetreibende, und, wo Innungen bestehen, auch diese mit ihrer Erklärung gehört werden.

Soll durch solche Statuten die Verfassung bestehender Innungen abgeändert werden, so ist deren Zustimmung erforderlich.

Neu sich bildende Innungen sind an die Ortsstatuten gebunden.

§ 169. Durch Ortsstatuten können insbesondere Anordnungen über die Verhältnisse der selbstständigen Gewerbetreibenden zu ihren Gesellen, Gehülfen und Lehrlingen mit der Wirkung getroffen werden, daß eine Abänderung derselben durch Vertrag nicht zulässig ist.

Desgleichen kann für alle an dem Orte beschäftigte Gesellen und Gehülfen die Verpflichtung festgesetzt werden, den im § 144 erwähnten Verbindungen und Kassen zur gegenseitigen Unterstützung beizutreten, es darf jedoch ein Unterschied zwischen den Gesellen oder Gehülfen der Innungsgenossen und denjenigen, welche bei andern Gewerbetreibenden arbeiten, nicht angeordnet werden.

§. 170. In Ansehung der Ortsstatuten (§. 168) finden folgende Beschränkungen Statt:

1) Es darf dadurch für Niemand der selbstständige Gewerbebetrieb weiter beschränkt werden, als durch das gegenwärtige Gesetz bestimmt ist.
2) Den Innungsmitgliedern darf kein ausschließlicher materieller Vortheil in Beziehung auf den Gewerbebetrieb beigelegt werden, namentlich nicht die ausschließliche Befugniß, Lehrlinge zu halten.
3) Die Befugniß, Gesellen oder Gehülfen zu halten, darf nicht beschränkt oder erschwert werden.
4) Denjenigen, welche die Befähigung zum Betriebe ihres Gewerbes vorschriftsmäßig nachgewiesen haben, darf weder eine erneuerte Prüfung als Bedingung des Eintritts in eine Innung auferlegt, noch eine der in diesem Gesetze an jenen Nachweis geknüpften Befugnisse geschmälert werden.
5) An den durch die §§. 126 bis 132 bestimmten Bedingungen der Befugniß, Lehrlinge zu halten, darf durch die Ortsstatuten nichts geändert werden.
6) Ein Zwang zum Eintritt in die Innungen ist nicht zulässig; es darf aber auch die Aufnahme nicht von der Willkühr der Innungsgenossen, sondern nur von bestimmten, im Gesetz oder in den Statuten aufgestellten Erfordernissen abhängig gemacht werden. Eben so wenig darf das Ausscheiden aus den Innungen an andere, als die gesetzlichen Bedingungen geknüpft werden.
7) Keine Innung darf für geschlossen erklärt werden.
8) Die Errichtung von Innungen darf durch die Ortsstatuten nicht verhindert werden.
9) Folgende einzelne Bestimmungen dürfen durch die Ortsstatuten nicht abgeändert werden:
   a. die im §. 119 angeordnete Beschränkung des Stimmrechts und der Theilnahme an der Verwaltung der Innungsangelegenheiten;
   b. die Vorschriften der §§. 137 und 153 in Ansehung der Streitigkeiten der Gewerbetreibenden mit ihren Gesellen, Gehülfen und Lehrlingen;
   c. die Bestimmung des § 113, daß eine Verpflichtung der Gesellen zum Wandern nicht Statt findet;
   d. die Vorschriften der §§. 158 und 159 in Ansehung der Verzeichnisse über die Aufnahme und Entlassung von Lehrlingen, ingleichen der für die Aufnahme und Entlassung zu entrichtenden Kosten.

Titel X.

Verbrechen und Vergehen der Gewerbetreibenden.

§. 171. Die Entziehung der Befugniß zum selbstständigen Betriebe eines Gewerbes als Strafe kann Statt finden für immer oder auf eine bestimmte Zeit; diese darf nicht unter drei Monaten und nicht über fünf Jahre betragen.

§ 172. Gegen jeden Gewerbetreibenden, der wegen eines vermittelst Mißbrauchs seines Gewerbes begangenen Verbrechens zu Zwangsarbeit oder Zuchthausstrafe verurtheilt wird, kann zugleich auf den Verlust der Befugniß zum selbstständigen Gewerbebetriebe für immer oder auf Zeit erkannt werden.

Es muß auf diesen Verlust erkannt werden, wenn der Gewerbetreibende schon früher wegen eines solchen Verbrechens zu Zwangsarbeit oder Zuchthausstrafe verurtheilt worden ist.

§. 173. Gewerbetreibende, welche zum Betriebe ihres Gewerbes einer besonderen polizeilichen Genehmigung (Konzession, Approbation, Bestallung) bedürfen, können der Befugniß zum selbstständigen Betriebe ihres Gewerbes für immer oder auf Zeit verlustig erklärt werden, wenn sie wegen eines ihre Berufspflichten verletzenden Verbrechens zu Zwangsarbeit oder Zuchthausstrafe verurtheilt werden; es muß auf diesen Verlust erkannt werden, wenn gegen sie wegen eines solchen Verbrechens schon früher auf Freiheitsstrafe erkannt worden ist.

Auch kann auf den Verlust jener Befugniß für immer oder auf Zeit erkannt werden, wenn der Gewerbetreibende wegen eines Verbrechens, durch welches er seine Berufspflichten verletzt hat, zu einer minder schweren Freiheitsstrafe, als Zwangsarbeit oder Zuchthausstrafe, verurtheilt wird, nachdem schon früher wegen eines solchen Verbrechens auf Freiheitsstrafe gegen ihn erkannt worden ist.

§. 174. Ist die polizeiliche Genehmigung zur Betreibung des Gewerbes durch Zuverlässigkeit und Unbescholtenheit bedingt, oder der Gewerbetreibende zur Betreibung seines Geschäftes von der Obrigkeit besonders verpflichtet worden, so muß auf Verlust der Befugniß zum selbstständigen Betriebe des Gewerbes für immer erkannt werden, wenn der Gewerbetreibende wegen eines von ehrloser Gesinnung zeugenden Verbrechens, insbesondere wegen Meineides, Raubes, Diebstahls oder Betrugs verurtheilt wird.

§. 175. In wiefern Vergehen der Gewerbetreibenden gegen ihre Berufspflichten außer den in diesem Gesetz erwähnten Fällen einer Strafe unterliegen, ist nach den darüber bestehenden Verordnungen zu beurtheilen.

§. 176. Wer ohne vorgängige Anmeldung, oder nach erfolgter Untersagung ein Gewerbe beginnt oder fortsetzt, hat, in sofern nicht die strengeren Strafen der §§. 177, 178 und 180 eintreten, eine Geldbuße bis zu funfzig Thalern oder im Unvermögensfalle verhältnißmäßige Gefängnißstrafe verwirkt.

Diese Strafe bleibt jedoch ausgeschlossen, wenn das Vergehen eine Steuerdefraudationsstrafe nach sich zieht.

§ 177.*) Wer den selbstständigen Betrieb eines Gewerbes, zu

---

*) R. d. M. d. F. u. d. J. v. 22. Februar 1846. Minist.-Bl. 1846. p. 67. Der Justizminister erachtet im Einverständniß mit den Ministerien der Finanzen und des Innern die Polizeibehörden auf Grund des §. 243, Anhang zur

dessen Beginne eine besondere polizeiliche Genehmigung (Konzession, Approbation, Bestallung) erforderlich ist, ohne die vorschriftsmäßige Genehmigung unternimmt oder fortsetzt oder von den in der Genehmigung festgesetzten Bedingungen abweicht, hat Geldbuße bis zu zweihundert Thalern oder Gefängniß bis zu drei Monaten verwirkt.

Enthält die Handlung zugleich ein Steuervergehen, so soll nicht außerdem noch auf eine Steuerstrafe erkannt werden, es ist aber darauf bei Zumessung der Strafe Rücksicht zu nehmen.

§. 178. Wer der Befugniß zum selbstständigen Betriebe eines Gewerbes für immer oder auf Zeit durch rechtskräftiges Erkenntniß, oder in den zulässigen Fällen durch Beschluß der Verwaltungsbehörde verlustig erklärt worden ist, und diesem Erkenntnisse oder Beschlusse zuwider handelt, soll mit Geldbuße bis zu zweihundert Thalern oder mit Gefängniß bis zu drei Monaten bestraft werden.

§. 179. Was in den §§. 176 bis 178 hinsichtlich der selbstständigen Gewerbetreibenden bestimmt ist, gilt auch von Denjenigen, welche die Stellvertretung eines selbstständigen Gewerbetreibenden übernehmen (§. 61).

§. 180. Die Strafbestimmung des §. 177 tritt auch gegen Denjenigen ein, welcher eine gewerbliche Anlage, zu der mit Rücksicht auf die Lage oder Beschaffenheit der Betriebsstätte oder des Lokals eine besondere polizeiliche Genehmigung erforderlich ist, ohne diese Genehmigung errichtet, oder von den Bedingungen, unter welchen die Genehmigung ertheilt worden, eigenmächtig abweicht, insonderheit ohne neue Genehmigung eine Veränderung der Betriebsstätte oder eine Verlegung des Lokals vornimmt.

Außerdem ist derselbe zur Wegschaffung oder Abänderung der Anlage, den polizeilichen Bestimmungen gemäß, anzuhalten.

§. 181. Gewerbetreibende, welche ihre Gehülfen, Gesellen oder Arbeiter, oder die Obrigkeit zu gewissen Handlungen oder Zugeständnissen dadurch zu bestimmen suchen, daß sie sich mit einander verabreden, die Ausübung des Gewerbes einzustellen, oder die ihren Anforderungen nicht nachgebenden Gehülfen, Gesellen oder Arbeiter zu entlassen oder zurückzuweisen, ingleichen diejenigen, welche zu einer solchen Verabredung Andere auffordern, sollen mit Gefängniß bis zu einem Jahre bestraft werden.

§. 182. Gehülfen, Gesellen oder Fabrikarbeiter, welche entweder die Gewerbetreibenden selbst, oder die Obrigkeit zu gewissen Handlungen oder Zugeständnissen dadurch zu bestimmen suchen, daß sie die Einstellung der Arbeit oder die Verhinderung derselben bei einzelnen oder mehreren Gewerbetreibenden verabreden, oder zu einer solchen Verabredung Andere auffordern, sollen mit Gefängniß bis zu einem Jahre bestraft werden.

Diese Bestimmung ist auch anzuwenden auf Arbeiter, welche bei

---

AGO. und der Circ.-Verordnung v. 21. Mai 1830 fur befugt, die in den §§. 170 bis 180 der Gewerbeordnung erwähnten Contraventions-Falle zu ihrer Cognition zu ziehen.

Berg- und Hüttenwerken, Landstraßen, Eisenbahnen, Festungsbauten und andern öffentlichen Anlagen beschäftigt sind.

§. 183. Die Bildung von Verbindungen unter Fabrikarbeitern, Gesellen, Gehülfen oder Lehrlingen ohne polizeiliche Erlaubniß ist, sofern nach den Kriminal-Gesetzen keine härtere Strafe eintritt, an den Stiftern und Vorstehern mit Geldbuße bis zu funfzig Thalern oder Gefängniß bis zu vier Wochen, an den übrigen Theilnehmern mit Geldbuße bis zu zwanzig Thalern oder Gefängniß bis zu vierzehn Tagen zu ahnden.

§. 184. Gesellen, Gehülfen und Fabrikarbeiter, welche ohne gesetzliche Gründe eigenmächtig die Arbeit verlassen, oder ihren Verrichtungen sich entziehen, oder sich groben Ungehorsams oder beharrlicher Widerspenstigkeit schuldig machen, sind mit Geldbuße bis zu zwanzig Thalern oder Gefängniß bis zu vierzehn Tagen zu bestrafen.

§. 185 Lehrherren, welche ihre Pflichten gegen die ihnen anvertrauten Lehrlinge gröblich vernachlässigen, sind mit Geldbuße bis zu funfzig Thalern, oder im Falle des Unvermögens mit verhältnißmäßiger Gefängnißstrafe zu belegen.

§ 186. Gewerbetreibende, welche die von der Obrigkeit vorgeschriebenen oder genehmigten Taxen überschreiten, haben Geldbuße bis zu funfzig Thalern oder im Unvermögensfalle verhältnißmäßige Gefängnißstrafe verwirkt.

Machen sie, nach vorgängiger zweimaliger Verurtheilung wegen solcher Vergehen, sich eines Vergehens dieser Art von Neuem schuldig, so kann zugleich auf den Verlust der Befugniß zur selbstständigen Betreibung ihres Gewerbes für immer oder auf Zeit erkannt werden.

§. 187. Die Uebertretungen der polizeilichen Anordnungen wegen des Marktverkehrs sind mit Geldbuße bis zu zwanzig Thalern oder im Unvermögensfalle mit verhältnißmäßiger Gefängnißstrafe zu belegen.

§ 188. Sind polizeiliche Vorschriften von dem Stellvertreter eines Gewerbetreibenden bei Ausübung des Gewerbes übertreten worden, so ist die Strafe zunächst gegen den Stellvertreter festzusetzen; ist die Uebertretung mit Vorwissen des Vertretenen begangen worden, so verfallen beide der gesetzlichen Strafe Kann gegen den Stellvertreter die Geldstrafe nicht vollstreckt werden, so bleibt der Polizeibehörde überlassen, nach ihrem Ermessen die Geldstrafe von dem Vertretenen, welcher dafür subsidiarisch verhaftet ist, einziehen oder, statt dessen und mit Verzichtung hierauf, die im Unvermögensfalle an die Stelle der Geldbuße tretende Freiheitsstrafe sogleich an dem Stellvertreter vollstrecken zu lassen.

Ist an eine solche Uebertretung der Verlust der Konzession, Approbation oder Bestallung geknüpft, so findet derselbe auch als Folge der von dem Stellvertreter begangenen Uebertretung Statt, wenn diese mit Vorwissen des Vertretenen begangen worden. Ist dies nicht der Fall, so ist der Vertretene bei Verlust der Konzession, Approbation u. s. w. verpflichtet, den Stellvertreter zu entlassen.

§. 189. Als Strafe kann der Verlust der Befugniß zum selbstständigen Gewerbebetriebe, für immer oder auf Zeit, nur vom Richter ausgesprochen werden, soweit es sich nicht von Steuervergehen handelt, in Ansehung deren es bei den bestehenden Vorschriften verbleibt.

In Ansehung der Kompetenz der Behörden zur Untersuchung und Bestrafung der Verbrechen und Vergehen der Gewerbetreibenden bewendet es bei der bestehenden Verfassung; in der Rheinprovinz sind jedoch die Polizeigerichte befugt, auf Geldbuße bis zu funzig Thalern oder Gefängniß bis zu sechs Wochen zu erkennen.

Schlußbestimmung.

§. 190. Alle bisherigen allgemeinen und besonderen Bestimmungen über Gegenstände, worüber das gegenwärtige Gesetz verfügt, insbesondere auch diejenigen, durch welche in einzelnen Landestheilen die Juden in der Betreibung stehender Gewerbe seither beschränkt waren, werden hierdurch außer Kraft gesetzt, soweit auf bisherige Vorschriften nicht ausdrücklich hingewiesen ist.

Seite 46 zu Note 2, betr. die Behandlung der Ausländer hinsichtlich der Gewerbesteuer rc.

1) R. d. F. M. u. M. d. J. vom 28. August 1845. Minist. Bl. 1845. p 320.

Ein in Lohn und Brot als Gehülfe bei einem inländischen Gewerbetreibenden stehender Ausländer kann für Rechnung und im Auftrage des inländischen Gewerbetreibenden, nach den für Inländer gegebenen Vorschriften zum Hausirhandel verstattet werden; macht er aber gleichzeitig für eigene Rechnung oder für ein ausländisches Haus Geschäfte, so ist er nach den für Ausländer gegebenen Vorschriften zu behandeln.

2) C. R. d. F. M. v. 14. März 1847. Centr.-Bl. 1847. p. 39.

In Verfolg des Vertrags des Zollvereines mit Belgien vom 1. Sept 1844 können

a. die einem Zollvereinsstaate angehörigen Fabrikanten und Handeltreibenden in Belgien,

b. die belgischen Fabrikanten und Handeltreibenden, so wie deren Reisende in den Zollvereinsstaaten,

ohne Erlegung einer Gewerbesteuer umherziehen, Ankäufe machen und (jedoch ohne Mitführung von Waaren) Bestellungen suchen, sofern sie in ihrer Heimath Gewerbesteuer zahlen und sich darüber ausweisen.

Seite 51, zum §. 12 des Gewerbesteuer-Gesetzes vom 30. Mai 1820.

1) R. d F. M. vom 4. Mai 1846. Centr.-Bl. 1846. p. 223.

Zu dem §. 12 des Gewerbesteuer-Gesetzes vom 30. Mai 1820 sind die Worte „unter 15 Jahren" lediglich auf „die eigenen Kinder" des Gewerbetreibenden zu beziehen. Die Hülfe weiblicher Hausgenossen bleibt unter allen Umständen unberücksichtigt, und da Töchter, welche bei ihren Eltern wohnen, zu den weiblichen Hausgenossen gehören, so kommt nur bei den Söhnen des Gewerbtreibenden, welche Hülfe leisten, das Alter in Betracht.

2) R d. F. M. vom 28. Mai 1847. Centr.-Bl. 1847. p. 72.

Die Vorschriften §. 12. Litt. a. des Gewerbesteuer-Gesetzes, wonach die Steuerpflichtigkeit der Handwerker dadurch bedingt wird, daß sie entweder auch außer den Jahrmärkten ein offenes Lager von fertigen Waaren halten oder ihr Gewerbe mit mehr als einem erwachsenen Gehülfen und einem Lehrlinge betreiben, ist nicht dahin auszulegen, daß jeder Verkauf nicht bestellter Waaren außerhalb des Jahrmarkts die Besteuerung zur Folge hat, sondern nur derjenige ist der Steuer zu unterwerfen, der, ohne schon wegen der Zahl der Gehülfen steuerpflichtig zu sein, unbestellt verfertigte Waaren außer dem Jahrmarkte in einem offenen Lager oder Laden zum feilen Verkauf ausstellt.

3) C R. d. F. M. vom 17. Januar 1845. Centr.-Bl 1845. p. 100 sq.

In Ansehung des Unterschiedes, welchen der §. 12 des Gewerbesteuer-Gesetzes vom 30. Mai 1820 zwischen erwachsenen Gehülfen und Lehrlingen macht, sind fortan die Bestimmungen der allgemeinen Gewerbe-Ordnung vom 17. Januar d. J. maaßgebend.

Wer daher, nach den letzteren, als Lehrling angesehen werden muß, wird auch in Beziehung auf die Gewerbesteuer-Pflichtigkeit oder Freiheit seines Lehrherrn als Lehrling betrachtet. — Soweit indessen die Gewerbe-Ordnung keinen Anhalt für den erwähnten Unterschied giebt, z. B. bei den im §. 160 der Gewerbe-Ordnung bezeichneten Personen, bewendet es bei den früher ertheilten Vorschriften.

Seite 53. zu §. 19 a. des Gewerbesteuer-Gesetzes.

C. R. d. F. M. v. 15. Januar 1845. Centr.-Bl. 1845. p. 100.

Wer den selbstständigen Betrieb eines stehenden Gewerbes anfangen will, muß, sowohl nach dem §. 19 des Gewerbesteuer-Gesetzes vom 30. Mai 1820, als auch nach dem §. 22 der allgemeinen Gewerbe-Ordnung, der Kommunalbehörde desjenigen Ortes, in welchem das Gewerbe ausgeübt werden soll, Anzeige davon machen.

Um den angeführten beiden Gesetzesstellen zu genügen, bedarf es nur einer Anzeige.

Seite 54, **zu §. 19 b. I. c. und Note *** 2.**

C. R. d. F. M. vom 15. Januar 1845. Centr.-Bl. 1845. p. 100.

Da nach dem §. 20 der Gewerbe-Ordnung die Zulassung zum Gewerbebetriebe fortan in keiner Stadt und bei keinem Gewerbe vom dem Besitze des Bürgerrechtes abhängig sein soll, so steht der Mangel dieses Rechtes in keinem Falle der Veranlagung zur Gewerbesteuer entgegen. Es tritt daher die in dieser Beziehung in der Cirkular-Verfügung vom 9. August 1839 ertheilte Vorschrift außer Wirksamkeit.

Seite 65, **zu III. die Concurrenz von Polizei- mit Gewerbesteuer-Contraventionen betr.**

C. R. d. F. M. v. 15. Januar 1845. Centr.-Bl. 1845. p. 100.

Nach den §§. 176 und 177 der allgemeinen Gewerbe-Ordnung tritt hinsichtlich der Bestrafung derjenigen Handlungen und Unterlassungen, welche zugleich ein Gewerbepolizei- und ein Gewerbesteuer-Vergehen enthalten, in den früheren Vorschriften in sofern eine Aenderung ein, als fortan, je nach der Verschiedenheit der Fälle, entweder

1) nur die Gewerbesteuer-Defraudationsstrafe (§. 176 cit.) oder
2) nur die Gewerbepolizei-Strafe (§. 177 cit.) zur Anwendung kommt.

In Absicht der Fälle zu 1. bewendet es, hinsichtlich des Verfahrens und der Entscheidung, überall bei den erlassenen Bestimmungen. Die Königliche Regierung wird, bei Abmessung der Steuerstrafe, die Verletzung der polizeilichen Vorschrift in angemessener Weise mit zu berücksichtigen wissen.

In den zu 2. vorstehend bezeichneten Fällen, in denen die Strafe des verübten Steuervergehens durch die Polizeistrafe absorbirt wird, sind die geschlossenen Akten mit dem Conzepte der in der ersten Instanz zu erlassenden Entscheidung, — diese mag auf Bestrafung oder Freilassung lauten, — sofern die Entscheidung von einer Verwaltungsbehörde ausgeht, der Königlichen Regierungs-Abtheilung für die Verwaltung der direkten Steuern ꝛc. vorzulegen. Diese bestimmt, falls das Conzept auf Freilassung von der Polizeistrafe lautet, was in Beziehung auf die etwa verwirkte Gewerbesteuerstrafe zu veranlassen sei, und in allen Fällen, ob und welche Gewerbesteuer nachgezahlt werden müsse, oder was in dieser Beziehung noch nachzuholen sei. Lautet die Entscheidung auf eine Polizeistrafe und kann eine definitive Bestimmung in Absicht der Gewerbesteuer ergehen, so wird diese Bestimmung ertheilt, gleichzeitig mit dem Strafresolute publizirt und die festgesetzte Steuer demnächst eingezogen. Sind in Absicht der Gewerbesteuer noch Erörterungen erforderlich, so wird deshalb die Publikation der polizeilichen Entscheidung nicht aufgehalten, sondern das Weitere besonders veranlaßt.

In allen zur gerichtlichen Entscheidung gelangenden Straffällen (vorstehend zu 1 u. 2), bewendet es hinsichtlich der Festsetzung der nachzuzahlenden Gewerbesteuer bei demjenigen Verfahren, welches bisher in den gerichtlich entschiedenen Prozessen wegen Gewerbesteuer-Contravention angewendet ist.

Durch die Bestimmung im §. 179 der Gewerbe-Ordnung, nach welcher die in den §§. 176 bis 178 a. a. O. enthaltenen Strafvorschriften auch auf den Stellvertreter eines selbstständigen Gewerbetreibenden Anwendung finden, wird in der Anordnung, nach welcher Derjenige, für dessen Rechnung ein stehendes steuerpflichtiges Gewerbe ausgeübt wird, als der Steuerpflichtige und als zur Anmeldung verpflichtet zu behandeln ist, nichts geändert.

Die Königliche Regierung hat die betheiligten Behörden, dem Vorstehenden gemäß, mit Anweisung zu versehen.

Seite 73, zu §. 8 des Hausir-Regulativs vom 28. April 1824.

R. d. F. M. vom 26. Dezbr. 1843. Centr.-Bl. 1844. p. 5.

Wenn der Inhaber eines Gewerbescheines krank oder auf längere Zeit unfähig wird das Gewerbe persönlich zu treiben, so muß sein Vertreter für seine Person einen besonderen Gewerbschein lösen, der aber gegen Einziehung des dem erkrankten oder behinderten Gewerbetreibenden ertheilten Scheines, zum ermäßigten Satze von 2, 4, 6 oder 8 Thalern durch die Regierungen ertheilt werden darf.

Seite 74, zu Note ** 2 a.

C. R. d. M. d. J. u. d. F. vom 21. Januar 1844.
Centr.-Bl. 1844. p. 29.

Unter Aufhebung der (hier mitgetheilten) Verfügung vom 19. Juni 1827 wird bestimmt: daß künftig Gewerbescheine zum Aufsuchen von Waarenbestellungen im Umherziehen und zum Aufkaufe frachtweise zu befördernder Gegenstände nur solchen Personen ertheilt werden dürfen, welche das zwanzigste Lebensjahr zurückgelegt haben. Ausgenommen bleiben nur diejenigen Personen von 17 bis 20 Jahren, welche pro 1843 und 44 bereits einen Gewerbeschein erhalten hatten.

Seite 79, **zu §. 14 No. 6 des Haufir-Regulativs.**

C. R. d. F. M. vom 30. April 1845, Centr.-Bl 1845. p. 156.

Das Verfertigen von Lichtbildern (Daguerrotypen) ist nicht für die Ausübung einer Kunst, sondern für eine mechanische Thätigkeit, und sofern es gegen Entgelt geschieht, für einen Gewerbetrieb zu achten, welcher, so lange er im stehenden Verkehr betrieben wird, steuerfrei bleibt, beim Umherziehen aber eines Gewerbescheines bedarf.

Seite 94, **zur Kab.-Ordre v. 7. Febr 1835 wegen des Kleinhandels mit Getränken ꝛc.**

1) C. R. d. M. d. J. vom 13. Febr. 1844. Ministerial-Bl. für die gesammte innere Verwaltung. 1844. p 76.

Fabrikmeistern darf der Betrieb der Schankwirthschaft in der Regel gar nicht und nur bei wirklich unverkennbarem Bedürfniß gestattet, auch sollen die bereits bestehenden Concessionen dieser Art strenge controllirt werden.

2) Kabinets-Ordre vom 16. November 1846. Ges.-Samml. 1846 p. 484.

Auf den Bericht des Staatsministeriums vom 22. v. M bestimme Ich hierdurch, daß den Fabrikinhabern und Fabrikanten, so wie den Familiengliedern, Bevollmächtigten und Geschäftsführern, Werkmeistern, Faktoren, Komptoir- und Fabrikgehülfen derselben und anderen von ihnen abhängigen Personen, nach Ablauf dieses Jahres der Betrieb der Schank- und Gastwirthschaft, ingleichen des Kleinhandels mit Getränken am Fabrikorte selbst oder im Umkreise einer Meile um letzteren, nicht mehr gestattet sein, und eine Ausnahme von diesem Verbot nur nachgelassen werden soll, wenn nach dem übereinstimmenden Urtheile der Kommunalbehörde, des Landrathes und der Regierung, dem in der isolirten Lage einer Fabrik begründeten Bedürfnisse auf andere Weise nicht abzuhelfen ist. — In solchen Fällen ist aber die Conzession nur unter dem Vorbehalt des Widerrufs zu ertheilen und sofort zurückzunehmen, sobald dem Bedürfnisse auf andere Weise genügt werden kann.

Seite 96, zum §. 8 der Kab.-Ordre vom 7. Febr. 1835.

1) R. d. M. d. J. vom 31. März 1846. Minist. Bl. 1846. p. 107.

Die wegen Uebertretung der Vorschriften über den Schankwirthschaftsbetrieb festgesetzten Geldstrafen gebühren dem Inhaber der Polizeigerichtsbarkeit.

2) R. d. M. d. J. vom 8. September 1846. Minist. Bl. 1846. p. 159.

Bei Gewerbepolizei-Contraventionen und insbesondere bei Uebertretungen der Gesetze wegen des Schankwirthschaftsbetriebes findet ein Denunziantenantheil nicht Statt.

3) R. d. M. d. J. u. d. F. vom 15. April 1847. Minist. Bl. 1847. p. 88.

Nach §. 8 d. K. O. v. 7. Febr. 1835 soll jede Uebertretung der wegen des Kleinhandels mit Getränken und der Gast- oder Schankwirthschaft ertheilten Vorschriften mit einer Geldbuße von 5 bis 50 Thlrn oder verhältnißmäßiger Gefängnißstrafe belegt werden; der §. 55 der Allg. Gewerbeordnung vom 17. Januar 1845 aber beläßt es nicht nur bei diesen und den spätern Vorschriften der K. O. vom 21. Juni 1844, sondern es ist auch im §. 177 l. c. bestimmt: daß jede Abweichung von denselben mit einer Geldbuße bis zu 200 Thlrn. oder Gefängniß bis zu 3 Monaten belegt, und wenn zugleich ein Steuervergehen vorliegt, zwar nicht außerdem noch auf eine Steuerstrafe erkannt, aber darauf bei Zumessung der Strafe Rücksicht genommen werden soll. Die Gewerbeordnung hat also die Strafe der polizeilichen Uebertretung nicht unter dem in der K. O. v. 7. Februar 1835 festgesetzten Minimum bestimmen wollen, weil sie sich sonst nicht darauf beschränkt haben würde, blos ein anderes Maximum der Strafe zu verordnen und übrigens im § 55 auf die K. Ordres v. 7. Febr. 1835 und 21. Juni 1844 zu verweisen. Nach der in den letztgedachten Ordres ausgesprochenen Absicht muß übrigens, wenn die Handlung zugleich ein Steuervergehen enthält, die Strafe für beide Vergehen höher als für die bloße Polizeiübertretung bestimmt werden, weil der §. 177 der Gewerbe-Ordnung diese Rücksicht bei Zumessung der Strafe ausdrücklich vorschreibt, und die Strafe für beide Vergehen zusammen nicht niedriger bestimmt werden kann als für eins derselben, nämlich das Steuervergehen.

4) Zu den Strafbestimmungen des §. 8 sind übrigens die §§. 55 und 177 der Gewerbeordnung vom 17. Januar 1845 im Allgemeinen zu vergleichen.

Seite 97. Die hier mitgetheilte Kab.-Ordre ist nicht vom 21. Juli, sondern vom 21. Juni 1844.

Seite 103, **zur Note 1. die Brausteuer-Fixationen betr.**

In dem C. R. d. F. M. vom 6. Juli 1845, Centr.-Bl. 1845. p. 217, ist den Provinzial-Steuerbehörden die möglichste Beförderung der Brausteuerfixationen durch Erleichterung in der Controlle anempfohlen, und in der Verfügung des F. M. vom 5. November 1845, Centr.-Bl. 1845. p. 281, zu dem Ende auch nachgelassen worden, daß mit Genehmigung des F. M. einzelne Brauer in mahlsteuerpflichtigen Städten zur Zahlung einer Abfindnng zugelassen werden können.

Seite 106, **zur Note B. 1. u. 2.**

Nach dem C. R. und der Bekanntmachung d. F. M. vom 22. Mai 1847 ist unter Allerh. Genehmigung bis auf Weiteres die Steuervergütung, welche nach der Bekanntmachung vom 18. Oktober 1838 zum Betrage von 10 Pf. pro Quart für den über die Zollvereinsgrenzen ausgehenden Branntwein bewilligt ist, demjenigen Betrage von 9 Pf. pro Quart gleichgestellt worden, welcher nach der Bekanntmachung vom 12. Dezember 1841 für den nach Bayern, Würtemberg, Baden, Hessen, Nassau und Frankfurt ausgeführten Branntwein gewährt wird.

Seite 120, **zu Abschnitt V. der Steuerordnung die Revisionsbefugniß der Steuerbeamten betr.**

C. R. d. F. M. vom 12. Dezbr. 1843. Centr.-Bl. 1844. p. 8.

Das Betreten der Festungswerke zur Verhinderung von Schleichhandel ist nur den von den Steuerbehörden speziell zu bezeichnenden Steuerbeamten gestattet, welche zu dem Ende von der Commandantur besondere auf die Person lautende Legitimations-Karten erhalten, die sie stets bei sich führen, resp. den inspicirenden Militair-Personen vorzeigen müssen. Von Visitationen 2c., welche bei Nacht in den Festungswerken vorgenommen werden sollen, ist dem Commandirenden des nächsten Wachtpostens Anzeige, wenigstens unmittelbar nachher, zu machen.

Seite 125, **zu §. 59 der Steuerordnung.**

In Bezug auf den persönlichen Gerichtsstand der im Auslande stationirten diesseitigen Steuerbeamten bestimmt die Kab.-Ordre v. 26. April 1844. G. S. 1844 pag. 112:

Wir ꝛc. verordnen, zur Beseitigung der über den ordentlichen persönlichen Gerichtsstand im Auslande stationirter Steuerbeamten entstandenen Zweifel, auf den Antrag Unseres Staatsministeriums, was folgt:

§. 1. Die Beamten, welche in Folge des mit mehreren Deutschen Staaten geschlossenen Zollvereins an einem außerhalb Unserer Staaten belegenen Orte des Vereinsgebietes eine etatsmäßige Stelle verwalten, sollen fortan ihren ordentlichen persönlichen Gerichtsstand vor Unserm Kammergerichte haben.

§. 2. Durch die im §. 1 enthaltene Bestimmung wird jedoch, wenn die Beamten vorher einen ordentlichen persönlichen Gerichtsstand in hiesigen Landen gehabt haben, in Beziehung auf ihre persönlichen Eigenschaften und Befugnisse (jura status) und die Erbfolge in ihren Nachlaß nichts geändert; solche sind auch ferner nach den in jenem frühern Gerichtsstande geltenden Rechten zu beurtheilen.

Seite 134, zu §. 93 c. der Steuerordnung.

Hinsichtlich der Zulässigkeit der Zurücknahme einer Provokation auf rechtliches Gehör gegen ein Resolut der Verwaltungsbehörde bestimmt das J. M. R. vom 23. September 1846, J. M. Bl. 1846. p. 160:

Es ist neuerdings beim Justiz-Ministerium die Frage zur Sprache gebracht worden:

> ob in Untersuchungen wegen Contraventionen gegen Polizei-, Finanz- und andere Verwaltungsgesetze der Angeschuldigte, wenn er gegen die Entscheidung der Verwaltungsbehörde in den zulässigen Fällen auf rechtliches Gehör und Erkenntniß angetragen hat, die Provokation später wieder zurücknehmen darf, so lange im gerichtlichen Verfahren noch keine Entscheidung ergangen ist.

Man hat früher für die Verneinung dieser Frage angeführt:

> daß die Entscheidung der Verwaltungsbehörde durch die Provokation auf gerichtliche Untersuchung beseitigt werde, durch den Widerruf der Provokation also nicht wieder hergestellt werden könne, und daß eine einmal eingeleitete gerichtliche Untersuchung durch eine Erklärung des Angeschuldigten nicht mehr rückgängig gemacht werden könne, nach dem §. 478 der Kriminal-Ordnung vielmehr durch ein förmliches Erkenntniß über die Schuld oder Unschuld desselben entschieden werden müsse.

Von der andern Seite ist dagegen hervorgehoben worden:

> daß die letztere Bestimmung auf Untersuchungen, welche in Folge der Berufung auf richterliches Gehör gegen Straf-Resolute der Verwaltungsbehörden eingeleitet werden, keine Anwendung finden könne, da in solchen Fällen durch das Straf-Resolut bereits über die Schuld des Angeklagten erkannt, der Vorschrift des §. 478 der Kriminal-Ordnung mithin genügt worden sei. Die Provokation auf gerichtliche Entscheidung habe vielmehr die Natur ei-

nes **Rechtsmittels**, und ob der Angeschuldigte von diesem Rechtsmittel Gebrauch machen wolle oder nicht, hänge lediglich von seinem Ermessen ab; es müsse ihm daher freistehen, dem ergriffenen Rechtsmittel wieder zu entsagen. Daraus folge denn von selbst, daß wenn der Angeschuldigte seine Provokation auf gerichtliches Erkenntniß zurücknehme, und sich dem Resolut der Verwaltungsbehörde unterwerfen wolle, die eingeleitete gerichtliche Untersuchung wieder aufgehoben werden müsse.

Diese Gründe für und wider sind in dem früheren Spezialfalle Sr. Majestät dem Könige zur Entscheidung vorgetragen worden, und Allerhöchstdieselben haben Sich auf darauf mittelst Allerhöchster Ordre vom 25. Mai 1844 für die **letztere** Ansicht, mithin für die **Bejahung** der Eingangs aufgestellten Frage entschieden. Es versteht sich dabei von selbst, daß die Zurücknahme der Provokation nur so lange für zulässig erachtet werden kann, als in dem gerichtlichen Verfahren noch kein Erkenntniß ergangen ist, und daß dem Provokanten die Kosten der gerichtlichen Untersuchung zur Last fallen.

Sämmtlichen Gerichtsbehörden wird dies zur Kenntnißnahme und geeigneten Berücksichtigung hierdurch mitgetheilt.

Seite 152, zu **Litt. C. spezielle Bestimmungen für das administrative Verfahren betr.**

R d. F. M. v. 22. Februar 1845. Central-Bl. 1845 p. 86.

Die unter dem 22. Mai 1835. ergangene Bestimmung, wonach die in den Untersuchungen wegen Steuerdefraudationen ergangenen Erkenntnisse des Geh. Ober-Tribunals dem Fin.-Minist. eingereicht werden sollen, wird in Erinnerung gebracht.

Seite 153. zu Litt II 1 a. vergleiche das zum §. 93. der Steuerordnung Seite 134 mitgetheilte J. M. R. von 23. Septbr. 1846.

Seite 154, zu № 2. betreffend die Competenz der Untergerichte

1) Kab.-Ordres vom 24 März 1841 / 5 August 1844 } G.-S. 1844. p. 453.

a. Auf Ihren Bericht vom 4. d. M. genehmige Ich, daß die in Meiner Ordre vom 31. August v. J. für das hiesige Kriminalgericht gegebene Bestimmung, nach welcher Untersuchungen,

1) welche polizeimäßig geführt werden,

2) wegen Vergehen, die mit leichter körperlicher Züchtigung, höchstens vierwöchentlicher Gefängnißstrafe oder funfzig Thaler Geldbuße oder mit einer willkührlichen Strafe zu ahnden sind,

an ein für allemal bestimmte Commissarien des Gerichts überwiesen werden, und das Erkenntniß erster Instanz auf mündlichen Vortrag des Inquirenten von einer aus drei Mitgliedern bestehenden Abtheilung des Gerichts abgefaßt wird, bei allen kollegialisch formirten Gerichten zur Anwendung gebracht werde.

Berlin, den 24. März 1841.

b. Auf den Bericht des Staatsministeriums vom 20. v. M. und nach dessen Antrage bestimme Ich hierdurch, daß in den Untersuchungen wegen geringerer Vergehen, bei welchen nach Meiner Ordre vom 21. März 1841 ein abgekürztes Verfahren eintritt, das Schlußverhör mit dem Angeschuldigten vor der versammelten Deputation des Gerichts, welche in erster Instanz das Erkenntniß abzufassen hat, abgehalten werden soll. Ich ermächtige jedoch den Justizminister, Ausnahmen hiervon zu gestatten, wenn diese Anordnung bei einzelnen Gerichten wegen besonderer Verhältnisse nicht füglich zur Ausführung gebracht werden kann. — Diese Bestimmungen sind mit Meiner Ordre vom 24. März 1841 durch die Gesetzsammlung bekannt zu machen.

Erdmannsdorf, den 5. August 1844.

2) Kab.-Ordre vom 14. September 1844. J. M. Bl. 1844. p. 218.

Aus den in Ihrem Berichte vom 24. v. M. angeführten Gründen bin Ich damit einverstanden, daß die Untersuchungen wegen Zoll- und Steuervergehen jederzeit und ohne Rücksicht auf den Wohnort und den persönlichen Gerichtsstand des Denunziaten, vor dasjenige Gericht (Ober- oder Untergericht) gehören, in dessen Bezirk das Vergehen begangen worden ist.

(Durch R. d. J. M. v. 20. September 1844 den Gerichtsbehörden zur Befolgung mitgetheilt.)

3) Kab.-Ordre v. 28. August 1846. J. M. Bl. 1846. p. 155.

Die Bestimmung im §. 19 der Kriminal-Ordnung, wonach den der Inquisitoriats-Einrichtung beigetretenen Untergerichten die Untersuchung und Abfassung des Erkenntnisses erster Instanz in solchen Sachen zusteht, in denen Gefängnißstrafe bis zu vier Wochen Statt findet, ist auch dann anzuwenden, wenn die Strafe des Vergehens in Gefängniß oder Strafarbeit von jener Dauer besteht. Die Gerichte sind durch J. M. R. v. 8. September 1846 zur Befolgung dieser Bestimmung angewiesen.

Seite 156. zu № 3, Verfahren in der gerichtlichen Untersuchung betr.

A. Hinsichtlich der Requisitionen

a. R. d. J. M. v. 19. Januar 1844. J. M. Bl. 1844 p. 30.

Requisitionen an das Berliner Stadt-Gericht sind in Untersuchungs-Sachen an das dortige **Königliche Kriminal-Gericht** zu adressiren.

b. **R. d. J. M. v. 16. September 1844. J. M. Bl. 1844.** p. 207.

Hinsichtlich des Verfahrens bei Requisitionen und Erlassen nach dem Auslande gelten im Allgemeinen folgende Bestimmungen:

I. Requisitionen und Insinuationen nach dem Auslande **außerhalb der deutschen Bundes-Staaten.**

A. Im Allgemeinen.

1. Ein unmittelbarer Schriftwechsel zwischen den inländischen Gerichten und den ausländischen Behörden, oder den im Auslande angestellten Preußischen Gesandten und diplomatischen Agenten ist der Regel nach nicht zulässig, vielmehr muß zu allen Insinuationen, Requisitionen und sonstigen Correspondenzen nach dem Auslande, mit Ausnahme der weiter unten erwähnten Fälle, jederzeit die Vermittelung des Ministeriums der auswärtigen Angelegenheiten nachgesucht werden.

Die Untergerichte haben sich zu diesem Behuf an das ihnen vorgesetzte Obergericht, die Obergerichte aber, so wie die General-Prokuratoren des Rheinischen Revisions- und Kassationshofes zu Berlin und des Appellationsgerichtshofes zu Köln, ingleichen die Ober-Prokuratoren der Rheinprovinz unmittelbar an das Ministerium der auswärtigen Angelegenheiten zu wenden.*)

2. Alle Requisitionen und Erlasse müssen entweder offen, in welchem Fall das Siegel des Gerichts der Unterschrift beizufügen ist, oder zwar verschlossen, jedoch mit einer vollständigen Abschrift des verschlossenen Schreibens dem Ministerium der auswärtigen Angelegenheiten eingereicht werden.

3. Zur Vermeidung unnöthiger Porto-Erhöhungen sind die Vorladungen und Verfügungen nebst den dazu gehörigen Anlagen auf Briefpapier und mit möglichster Raumersparung zu schreiben.

Von den Rheinischen Gerichtsbehörden sind in dieser Beziehung die

Reskripte vom 28. Februar 1832, Lottner Bd. 3 S. 449 und
" 20. März 1835, " " 5 " 96

zu beachten.

Zur leichteren Ausführung dieser Anordnung hat das Finanz-Ministerium gestattet, daß auf den Antrag der Gerichte Briefpapier gestempelt, und ihnen gegen Bezahlung verabfolgt werden darf, so wie,

---

*) Vergleiche insbesondere wegen Schweden das Reskript vom 12. Dec. 1802 (Rabe Bd. 7 S. 281); wegen Rußland das Reskript vom 12. August 1818 (Jahrb. Bd. 12 S. 16), und vom 10. Juli 1826 (Jahrb. Bd. 27 S. 264), wegen Frankreich das Reskript vom 5. Mai 1826 (Jahrb. Bd. 27 S. 285), wegen der Niederlande das Reskript vom 8. Febr. 1830 (Jahrb. Bd. 35 S. 127), und vom 3. Oct. 1842 (Justiz-Minist.-Bl. S. 320); und wegen Ungarn und Siebenbürgen das Reskript vom 17. Juni 1843 (Justiz.-Minist.-Bl. S. 156).

daß Urkunden, welche auf Briefpapier ausgefertigt sind, bei dem Stempelmagazin in Berlin zur Stempelung vorgelegt werden können.

4. Bei Angabe der Vor- und Zunamen und der Adressen der im Auslande lebenden Personen ist die möglichste Genauigkeit zu beobachten.

5. Die Ansetzung von Terminen muß mit gehöriger Berücksichtigung der Entfernung des Bestimmungs-Ortes und der zur Beförderung der Vorladung durch die gesandtschaftliche Vermittelung erforderlichen längeren Zeit, also geräumig erfolgen.*)

6. In allen Fällen, in welchen Erklärungen oder Vollmachten von Preußischen, im Auslande befindlichen Unterthanen verlangt werden, ist der vollständige Inhalt der abzugebenden Erklärung oder auszustellenden Vollmacht in gehöriger Form abzufassen, und der Requisition beizulegen, damit die Person, von welcher die Erklärung oder Vollmacht verlangt wird, die in ihrer Muttersprache aufgenommene Urkunde leicht und vollständig fassen kann, und nur zu unterzeichnen oder den in der Vollmacht leer gelassenen Raum mit dem Namen des gewählten Mandatars auszufüllen braucht.

7. Bei Vorladung auswärtiger Zoll- und Steuer-Contravenienten, welche entweder Kaution bestellt, oder konfiscirte Waaren zurückgelassen haben, sind die Vorschriften des Reskripts vom 23. Juni 1821 (Jahrb. Bd. 17 S. 262) zu beachten.

8. Zur Auslieferung eines Verbrechers an ausländische Behörden muß jederzeit die Genehmigung des Justiz-Ministers eingeholt werden. Untergerichte haben sich mit desfallsigen Anträgen an das vorgesetzte Obergericht zu wenden (Kriminal-Ordnung §. 96).

In der Rheinprovinz erfolgt der Antrag durch den General-Prokurator zu Köln.

B. In Bezug auf einzelne Staaten.

1. Insinuationen, welche aus den links der Elbe belegenen Provinzen nach England, Frankreich, den Niederlanden und Belgien befördert werden sollen, sind von den betreffenden Oberlandesgerichten, und in der Rheinprovinz von dem General-Prokurator und den Ober-Prokuratoren unmittelbar an die Preußischen Gesandtschaften zu London, Paris, im Haag und in Brüssel zur weiteren Veranlassung zu übersenden.

2. Wenn die Insinuation diesseitiger Verfügungen nach England, Frankreich und denjenigen Staaten, in welchen die Landesbehörden die Annahme und Beförderung derselben an dortige Interessenten ablehnen, für bewirkt zu erachten sei, ist nach den

Allerhöchsten Kabinets-Ordres vom 4. Juni 1828 (Gesetzsammlung S. 85)
und vom 21. Juni 1836 (Gesetzsammlung S. 202),

---

*) Wegen Polen und Rußland vergl. die Reskripte v. 26. u. 28. Juli 1819 (Jahrb. Bd. 14 S. 22 und 25).

und in der Rheinprovinz nach Art. 69 der Rheinischen Civil-Prozeßordnung

zu beurtheilen.

In Bezug auf Frankreich ist hierbei noch außerdem das Reskript vom 29. Januar 1844 (Justiz-Minist.-Bl. S. 36) zu beachten.

3. Bei Requisitionen, welche nach Frankreich und denjenigen Ländern, in denen französisches Recht gilt, behufs der Vernehmung von Zeugen oder Abnahme von Eiden gerichtet werden, sind die Bestimmungen der

Reskripte vom 26. Novbr. 1827 (Jahrb. Bd. 30 S. 382) und
" 7. März 1835 (" " 45 S. 294),

und insbesondere die ungedruckten Cirkular-Verfügungen vom 5. August und 1. Oktober 1836 zu berücksichtigen.

Die letzteren sind auch bei gleichen Requisitionen nach den übrigen nicht deutschen Staaten zu befolgen.

4. Die Beilagen zu den an Französische Gerichtsbehörden gerichteten Requisitionen sind, insofern diesseits noch Gebrauch davon zu machen ist, nicht im Original, sondern in beglaubigter Abschrift beizufügen, da nach der französischen Gerichtsverfassung die einem requisitorischen Antrage beigefügten Anlagen jederzeit bei den Akten desjenigen französischen Gerichts verbleiben müssen, welches dem Antrage Folge gegeben hat.

5. Bei Requisitionen nach den Niederlanden in Prozeß-, Nachlaß- und andern Civil-Angelegenheiten, insbesondere auch wegen Vernehmung von Zeugen und Abnahme von Eiden ist nach den in den

Reskripten vom 23. Juni 1836 (Jahrb. Bd. 47 S. 535),
" 29 Dec. 1843 (Justiz-Minist.-Bl. von 1844 S. 20),
und " 16. Febr. 1844 (Justiz-Minist.-Bl. von 1844 S. 54)

enthaltenen Bestimmungen zu verfahren.

6. Bei Requisitionen wegen Auslieferung von Verbrechern sind:

a in Bezug auf Belgien,

außer der Convention vom 29. Juli 1836 (Gesetzsammlung S. 221—226)

die Reskripte v. 26. Oct. 1836 (Jahrb. Bd. 48 S. 498),
" 11. Jan. 1837 (Lottner Bd. 6 S. 15—16),
" 23. Febr. 1837 (" " 6 S. 94),
" 27. April 1837 (Jahrb. Bd. 49 S. 524);

b. in Bezug auf die Niederlande,

die Reskripte v. 9. Novbr. 1836 (Jahrb. Bd. 48 S. 505)
" " 18. " " (Lottner Bd. 5 S. 399);

c. in Bezug auf Frankreich,

die Reskripte v. 26. Novbr. 1836 (Jahrb. B. 48 S. 506)
und " 17. Sept. 1840 (Justiz-Minist.-Bl. S. 318)

d. in Bezug auf New-York,
das Reskript v. 22. Mai 1837 (Jahrb. Bd. 49 S. 525);

e. in Bezug auf Rußland und Polen,
die Kartell-Konvention vom 20/8 Mai 1844 Art. 15 ff. (Gesetzsammlung S. 204) und
die Allg. Verfügung vom 12. August 1844 (Justiz-Minist.-Bl. S. 186)

zu berücksichtigen.

7. Requisitionen und Insinuationen nach dem Königreich Polen sind

a. so weit sie Civil-Angelegenheiten betreffen, von den Obergerichten unmittelbar an den Preußischen General-Konsul in Warschau zur weiteren Beförderung zu senden. Untergerichte haben sich mit solchen Anträgen an das vorgesetzte Obergericht zu wenden.

b. in Kriminalsachen ist zwischen den diesseitigen Ober- und Untergerichten und den Polnischen Gerichtsbehörden ein unmittelbarer Schriftwechsel zulässig, sofern dadurch kein größerer Zeit- oder Kosten-Aufwand als durch die Vermittelung des General-Konsuls in Warschau verursacht wird.

c. bei dem amtlichen Schriftwechsel mit den Behörden und Beamten im Königreich Polen sind dieselben nicht als Kaiserlich-Russische, sondern als Königlich Polnische zu bezeichnen.

d. bei Requisitionen an den Ober-Polizeimeister der Stadt Warschau haben die diesseitigen Gerichte die Provinz, in welcher sie ihren Amtssitz haben, anzugeben.

8. Requisitionen nach Ungarn und Siebenbürgen müssen dem Justiz-Minister zur weiteren Kommunikation mit dem Ministerium der auswärtigen Angelegenheiten eingesandt werden.

Bei Erlassen an Einwohner der Nordamerikanischen Freistaaten ist nicht blos der Wohnort des Adressaten, sondern auch die Provinz und der Distrikt, in welchem der Wohnort belegen ist, auf der Adresse anzugeben.

10. Requisitionen nach Riga (in Rußland) sind von den Gerichtsbehörden zu Königsberg in Preußen unmittelbar an den Preußischen Konsul in Riga zur weiteren Beförderung zu übersenden.

11. Wo sich im Auslande Preußische Postanstalten befinden, ist die Insinuation gerichtlicher Verfügungen durch die Post zu bewirken. Dies gilt zur Zeit namentlich von Insinuationen nach Krakau und nach Sevenaer in den Niederlanden.

Erkenntnisse, welche an im Auslande wohnende Parteien zu insinuiren sind, werden, wo dies zulässig ist, — wie in Polen und Rußland — auf gewöhnliche Weise rekommandirt.

C. Der Ansatz von Kosten, Stempeln und Porto für Requisitionen im Auslande erfolgt im Allgemeinen nach denselben Grundsätzen, welche für Requisitionen an inländische Gerichtsbehörden gelten, sofern nicht mit einzelnen auswärtigen Staaten besondere Verabredungen darüber getroffen sind.

II. Bei Requisitionen nach den **deutschen Bundesstaaten** gilt im Allgemeinen — abweichend von der oben unter I. A. Nro. 1 erwähnten Vorschrift — der Grundsatz,

> daß die Requisitionen der diesseitigen Gerichte an die Gerichtsbehörden der deutschen Bundesstaaten in der Regel durch unmittelbare Correspondenz ohne diplomatische Vermittelung befördert werden.

Dies findet namentlich Anwendung:

1. auf Hessen, Baiern, Baden, Nassau, Oldenburg, Hessen-Homburg, Frankfurt a. M und Würtemberg. Mit diesen Staaten war früher durch besondere Conventionen die Vereinbarung getroffen, daß die Beförderung sämmtlicher Requisitionen und Insinuationen durch den General-Prokurator zu Köln bewirkt, und dadurch der unmittelbare Verkehr mit den Gerichtsbehörden der deutschen Bundesstaaten vermieden werden sollte. Diese Einrichtung ist jedoch späterhin dahin modificirt:

> daß in der Rheinprovinz die Correspondenz mit den auswärtigen Behörden außer dem General-Prokurator auch von den Ober-Prokuratoren der Landgerichte und dem Justiz-Senate zu Ehrenbreitstein zu führen ist, und ebenso in den übrigen Provinzen die Requisitionen von den diesseitigen Ober- und Untergerichten unmittelbar an die Gerichtsbehörden der deutschen Bundesstaaten zu befördern sind.

2. In Betreff der übrigen Bundesstaaten hat sich auch ohne förmliche Staatsverträge fast allgemein der Grundsatz festgestellt, daß die gegenseitigen Requisitionen der Gerichtsbehörden ebenfalls durch unmittelbare Correspondenz befördert werden. Mehrere Regierungen haben diese Praxis in den mit ihnen gepflogenen Unterhandlungen theils vorausgesetzt, wie Mecklenburg-Strelitz in dem Uebereinkommen vom 18. Mai 1830 (Jahrb. Bd. 35 S. 277), theils, wie Oesterreich, ausdrücklich gebilligt. Es ist daher von den Gerichtsbehörden auch künftig hiernach zu verfahren. Wo dagegen die Correspondenz mit den Behörden einzelner deutscher Bundesstaaten bisher noch durch Vermittelung des Ministeriums der auswärtigen Angelegenheiten erfolgt ist, da muß dies auch ferner geschehen, und dann nach den oben unter I. A. angeführten Allgemeinen Bestimmungen verfahren werden.

3. Mit den Gerichtsbehörden des Großherzogthums Luxemburg findet zwar ebenfalls ein direkter Geschäftsverkehr statt, doch dürfen Requisitionen an dieselben aus der Rheinprovinz nur von dem General-Prokurator und den Ober-Prokuratoren, und aus den übrigen Provinzen nur von den Obergerichten befördert werden. Die Untergerichte haben sich mit dergleichen Requisitionen an das vorgesetzte Obergericht zu wenden.

Bei Requisitionen wegen Auslieferung von Verbrechern ist in Ansehung der Form und des Verfahrens

das Reskript vom 29. August 1840 (Justiz-Ministerial-Blatt S. 288) und
die Convention vom 11. März 1844 (Gesetzsammlung S. 233)
zu beachten.

4. Wo sich in den deutschen Bundesstaaten Preußische Postanstalten befinden, ist die Insinuation gerichtlicher Verfügungen nach Maaßgabe der Allerhöchsten Kabinets-Ordre vom 31. März 1842 (Justiz-Ministerial-Blatt S. 199) durch die Post zu bewirken. Die im Auslande vorhandenen Preußischen Postanstalten sind in der Anlage D zur Instruktion des Herrn General-Postmeisters vom 13. Mai 1842 verzeichnet (Justiz-Ministerial-Blatt S. 203–204).

Erkenntnisse diesseitiger Gerichte sind in den deutschen Bundesstaaten da, wo dies zulässig ist, auf gewöhnliche Weise zu rekommandiren.

Dergleichen Zusendungen sind nach der Mittheilung des Herrn General-Postmeisters zur Zeit nach Baden, Baiern, Braunschweig, Hannover, Mecklenburg-Schwerin, Mecklenburg-Strelitz, Sachsen und dem Fürstlich Thurn- und Taxisschen Postgebiete gestattet.

5. Wird die Insinuation einer diesseitigen gerichtlichen Verfügung in einem der Bundesstaaten verweigert, oder auf wiederholte Schreiben deshalb nicht geantwortet, so ist in den Provinzen, in welchen die Allgemeine Gerichtsordnung gilt, nach §. 11 Thl. I. Tit. 7 derselben zu verfahren.

6. Bei Untersuchungen gegen Zoll- und Steuer-Contravenienten in den Zollvereins-Staaten sind die in den Art. 8–10 des Zoll-Kartells vom 11. Mai 1833 (Gesetzsammlung S. 262) enthaltenen Bestimmungen zu beachten.

In den übrigen Bundesstaaten ist nach dem Reskripte vom 23. Juni 1821 (Jahrb. Bd. 17 S. 262) zu verfahren.

B. Die Beilage zu No. 7 des Justiz-Ministerial-Blattes pro 1847 enthält eine Zusammenstellung der Vorschriften, welche die Civil-Gerichte in Strafrechts-Sachen aus Rücksicht auf die Militair-Verhältnisse zu beobachten haben.

Seite 160. Hinsichtlich der Insinuationen im Auslande vergleiche das vorstehend zu Seite 156 mitgetheilte Reskr. vom 16. September 1844.

Seite 164, zu §. 1 der Verordnung vom 21. Juli 1843.

R. d. F. M. vom 15. April 1845. Centr.-Bl. 1845. p. 98.

Die Hauptamtsjustitiarien haben, gleich bei Publikation des Erkenntnisses erster Instanz dem Angeschuldigten die Behörde, bei welcher das Rechtsmittel angebracht werden müsse, zu bezeichnen, falls aber die Anmeldung des Rechtsmittels dennoch bei ihnen erfolgt, das betreffende Schriftstück den Betheiligten mit der nöthigen Belehrung entweder sogleich zurückzugeben oder, nach Umständen, demjenigen Gerichte, welches in erster Instanz erkannt hat, ungesäumt zu übersenden.

Seite 164, **zu Note h.**

R. d. J. M. v. 23. Novbr. 1844. J. M. Bl. 1844 p. 254.

Die Gerichte werden wiederholt angewiesen die Vorschriften des §. 1 der Verordnung vom 21. Juli und des Reskripts v. 28. Septbr. 1843 genau zu beobachten.

Seite 165. **Zur Verordnung vom 11. Juli 1838. betr. die Rechtsmittel rc.**

1) C. R. d. F. M. vom 21. Januar 1847. Centr.=Bl. 1847. p. 14.

Die Verordnung vom 11. Juli 1838 ist durch das Gesetz vom 21. Juli 1846 für aufgehoben zu erachten, es treten also, sobald eine Steueruntersuchungssache in die zweite Instanz gelangt, die Vorschriften der §§. 15 sqq. dieses Gesetzes ein, und es ist namentlich in Folge der Bestimmung im §. 22 für jedes Obergericht ein bei diesem fungirender Justiz-Commissar als Mandatar des Steuerfiscus auszuwählen.

2) Die hierhergehörigen §§. des Ges. v. 21. Juli 1846, G. S. 1846. p. 291, lauten:

Für die höheren Instanzen.

a. Gemeinsame Vorschriften.

§. 15. Die Rechtsmittel der Appellation, der Revision und Nichtigkeitsbeschwerde werden bei dem Gerichte erster Instanz (§. 30) nur angemeldet. Ihre Einführung und Rechtfertigung mit den weiteren Verhandlungen darüber gehört vor das in höherer Instanz erkennende Gericht. Eine Ausnahme machen die im §. 27 bezeichneten Sachen.

§. 16. Für die Anmeldung (§. 15) genügt die Erklärung, daß der Anmeldende sich über das ergangene Erkenntniß beschwert. Sie ist an keine Form gebunden, und kann demzufolge mündlich zu Protokoll oder schriftlich ohne Zuziehung eines Justizkommissarius erfolgen. Auch auf den Namen, mit welchem das Rechtsmittel bezeichnet wird, kommt es nicht an. Das Gericht erster Instanz prüft nur, ob die Anmeldung rechtzeitig erfolgt und das Rechtsmittel dem Gegenstande nach zulässig ist, und sendet, wenn Beides der Fall ist, die Akten, unter Benachrichtigung der Parteien, sofort an das Gericht höherer Instanz.

§. 17. Die Einführung und Rechtfertigung muß bei Verlust des Rechtsmittels innerhalb vier Wochen nach Ablauf der für die Anmeldung bestehenden Frist, und ohne daß es einer besonderen Aufforderung dazu bedarf, dem Gerichte höherer Instanz und zwar stets schriftlich überreicht werden. Nur aus Hinderungsgründen, die in der Sache selbst liegen, kann diese Frist angemessen verlängert werden.

§. 18. Jede Einführungs- und Rechtfertigungsschrift muß die Beschwerdepunkte angeben. Soweit in dieser Schrift oder in einem Nachtrage zu derselben das ergangene Erkenntniß vor Ablauf der im §. 17 angeordneten Frist nicht durch bestimmte Beschwerden angegriffen ist, tritt dasselbe in Rechtskraft.

§. 19. Mit dem Eintritt des mündlichen Verfahrens in den höheren Instanzen finden die bisherigen Vorschriften wegen Bestellung mehrerer Referenten nicht fernere Anwendung.

b. Für die Appellation.

§. 20. Nach dem Eingange der Einführungs- und Rechtfertigungsschrift und den Akten beschließt der Appellationsrichter über die Zulassung des Rechtsmittels und erläßt sodann die Aufforderung zur Beantwortung der Schrift. Die Beantwortung ist schriftlich binnen einer vierwöchentlichen, nur aus den im §. 17 angegebenen Gründen zu verlängernden Frist bei Vermeidung derjenigen Nachtheile einzureichen, welche in den §§. 44 und 45 der Verordnung vom 1. Juni 1833 festgesetzt sind.

§. 21. Nur öffentliche Behörden und solche Personen, welche zum Richteramte befähigt sind, können die Einführung und Rechtfertigung und deren Beantwortung ohne Zuziehung eines Justizkommissarius schriftlich einreichen. Die Schriften anderer Parteien müssen von einem Justizkommissar unterzeichnet sein.

§. 22. Ist die Beantwortung eingereicht oder darauf Verzicht geleistet, oder die dazu bewilligte Frist abgelaufen, so erfolgt die mündliche Verhandlung vor dem Appellationsrichter, wobei die in der Verordnung vom 1. Juni 1833 §§. 49 bis 53 getroffenen Bestimmungen, jedoch mit Berücksichtigung der im §. 9 der gegenwärtigen Verordnung vorgeschriebenen Abänderungen, eintreten. Die Vorladung der Parteien zur mündlichen Verhandlung und Entscheidung kann, in Ermangelung anderer zur Empfangnahme bestellter Bevollmächtigten, gültig zu Händen der Justizkommissare insinuirt werden, welche die eingereichten Schriftsätze unterzeichnet haben, wenn dieselben bei dem erkennenden Gerichte zur Prozeßpraxis befugt sind oder an dem Sitze dieses Gerichtes wohnen. Die Vorschrift des §. 48 der Verordnung vom 1. Juni 1833 wird aufgehoben.

c. Für die Revision und Nichtigkeitsbeschwerde.

§. 23. Für das Verfahren in der Revisions- und Nichtigkeitsbeschwerde-Instanz finden die für die zweite Instanz gegebenen Bestimmungen gleichfalls Anwendung. Es sind dabei jedoch die nachstehenden besondern Vorschriften zu befolgen:

a. die Nichtigkeitsbeschwerde muß außer der Angabe der Beschwerdepunkte (§. 18) dasjenige enthalten, was der Artikel 8 der Deklaration vom 6. April 1839 vorschreibt.

b. Thatsachen zur Begründung der Revision und Nichtigkeitsbeschwerde, welche in der Rechtfertigungsschrift nicht geltend gemacht worden sind, dürfen später nicht vorgebracht werden.

c. Wenn die Beantwortung der Revision und Nichtigkeitsbeschwerde binnen der bestimmten Frist (§. 20) nicht eingeht, so werden die in der Rechtfertigungsschrift angeführten Thatsachen, soweit dieselben überhaupt noch zulässig waren, für zugestanden angenommen.

d. Zur Anfertigung der Schriftsätze in dieser Instanz sind, sofern dieselben von Justizkommissaren zu unterzeichnen sind (§. 21), ausschließlich die bei dem Geheimen Ober-Tribunal angestellten Justizkommissare befugt.

§. 24. Für die mündliche Verhandlung und die darauf ergehende Entscheidung bei den Senaten des Geheimen Ober-Tribunals ist die Anwesenheit von mindestens 7 Mitgliedern, den Vorsitzenden eingeschlossen, erforderlich. Einer Vermehrung dieser Anzahl bedarf es aber auch dann nicht, wenn es auf Abänderung zweier gleichförmigen Erkenntnisse ankommt. Die Bestimmung in No. 7 der Ordre vom 19. Juli 1832 (Gesetzsammlung S. 192) wird aufgehoben.

§. 25. Das Plenum des Geheimen Ober-Tribunals hat in den Fällen der No. 3 und 4 der Verordnung vom 1. August 1836 (Gesetzsammlung Seite 218) nicht blos über die zweifelhaft gewordene Rechtsfrage, sondern in der Sache selbst zu entscheiden. Die Entscheidung erfolgt auf Grund nochmaliger mündlicher Verhandlung vor versammeltem Plenum.

§. 26. Den bei ihnen aufgetretenen Sachwaltern der Partheien theilt das Geheime Ober-Tribunal Abschriften des mit den Entscheidungsgründen versehenen Erkenntnisses mit, und setzt dabei ihre Gebühren in einem Pausch-Quantum fest, das für jeden mindestens 15 Thaler betragen soll, jedoch auch den ganzen Betrag der in dieser Instanz angesetzten Gerichtskosten erreichen kann.

Allgemeine Bestimmungen.

a. Anmeldung der Rechtsmittel.

§. 30. Die Rechtsmittel gegen Erkenntnisse sind innerhalb der gesetzlichen dazu bestimmten Fristen bei den Gerichtsbehörden, welche in der ersten Instanz instruirt oder erkannt haben, einzulegen.

b. Rechtsmittel der Restitution.

§. 31. Das Rechtsmittel der Restitution gegen Contumazialerkenntnisse (Abschnitt 3 Titel 14 der Prozeßordnung) und Purifikationsresolutionen (Verordnung vom 28. März 1840, Gesetzsammlung Seite 102) ist zuzulassen, auch wenn erhebliche Hinderungsursachen nicht angegeben und bescheinigt sind, das Restitutionsgesuch aber im Uebrigen den gesetzlichen Vorschriften entspricht. Die Frist zur Einlegung dieses Rechtsmittels beginnt im Falle des §. 28 mit dem Zeitpunkte, in welchem das Mandat die Wirkung eines Contumazialerkenntnisses angenommen hat.

d. Prozeßschriften der Justiz-Commissarien.

§. 33. Der Justiz-Commissar, welcher eine Klage, Klagebeantwortung oder andere Prozeßschriften unterzeichnet, ist für den Inhalt derselben eben so verantwortlich, als wenn er die Schrift selbst abgefaßt hätte.

e. Beschwerdesachen.

§. 34. Beschwerden gegen Verfügungen, wodurch ein Rechtsmittel zurückgewiesen wird, können nur innerhalb sechs Wochen bei den zur definitiven Entscheidung über die Zulässigkeit des Rechtsmittels berufenen Gerichten der höheren Instanz angebracht werden.

§. 35. Auch andere Beschwerden gegen gerichtliche Verfügungen, welche die verweigerte Einleitung eines Prozesses, oder das Prozeßverfahren selbst im Laufe der Instanzen zum Gegenstande haben, sollen fortan dem Instanzenzuge der gegen Erkenntnisse zulässigen Rechtsmittel folgen. Sie sind gegen Verfügungen der Gerichte erster Instanz bei dem Gerichte zweiter Instanz anzubringen, bei dessen Entscheidung es in der Regel bewendet. Nur dann, wenn in der Hauptsache das Rechtsmittel der Revision nach §§. 1 bis 3 der Verordnung vom 14. December 1833 stattfinden könnte, ist noch eine weitere Beschwerde bei dem Geheimen Ober-Tribunale zulässig. Die Beschwerden über Verfügungen der Gerichte zweiter Instanz in den bei ihnen anhängigen Sachen, in welchen ein ordentliches oder außerordentliches Rechtsmittel dritter Instanz an sich zulässig ist, gehen an das Geheime Ober-Tribunal.

§. 36. Die Ausführung der Verfügungen wird durch dagegen erhobene Beschwerden an sich nicht aufgehalten. Die vorgesetzte Instanz ist aber befugt, die Aussetzung der Ausführung noch vor der Entscheidung über die Beschwerde selbst anzuordnen.

3) Das C. R. d. F. M. v. 7. August 1847, Centr.-Bl. 1847 p. 120, benachrichtigt die betr. Behörden von der erfolgten Auswahl eines Justiz-Commissars zur Vertretung des Fiscus in allen zur Entscheidung an das Geheime Ober-Tribunal gelangenden Steuer-Untersuchungssachen.

Seite 166. zu № 7, die Strafvollstreckung betreffend.

1) R. d. F. M. v. 8. Februar 1845. Centr.-Bl. 1845. p. 35.

Wenn sich bei Revision der Strafgelder-Extrakte ergiebt, daß in erledigten Zoll- oder Steuer-Prozessen die Strafe des vier- oder mehrfachen Betrages der verkürzten Gefälle, entweder in Folge eines Rechnungsfehlers oder — bei Zollprozessen — wegen der Anwendung eines unrichtigen Tarifsatzes, zu gering festgesetzt worden, so ist es nicht zulässig, die gegen rechtskräftige Resolute defektirten Strafbeträge nachträglich von den Denunziaten einzuziehen. Dagegen kann der Ansicht, daß auch von den Beamten, welche die unterbliebene Festsetzung der defektirten Strafbeträge verschuldet haben, der Ersatz der letztern nicht zu fordern, vielmehr die den Beamten dabei zur Last fallende Unachtsamkeit nur durch Verweise oder Ordnungsstrafen zu rügen sei, nicht beigestimmt werden, da ihre Vertretungsverbindlichkeit für die richtige Festsetzung der verwirkten Geldstrafen nicht nur den allgemeinen gesetzlichen Vorschriften entspricht, sondern im §. 24 der Instruktion über das Verfahren in Bagatell-Prozessen vom 16. Juli 1837 ausdrücklich ausgesprochen ist.

2) Kab. Ordre vom 14. August 1846. J M.-Bl. 1846 p. 151.

Auf Ihren Bericht vom 18. Juni d. J. will Ich die Bestimmungen der §§. 4. u. 5 der Instruktion vom 30. Juni 1834 *) für diejenigen Landestheile, in welchen die Allg. Crim.-Ordnung gilt, dahin modifiziren, daß Gesuche um Aussetzung oder Unterbrechung rechtskräftig erkannter Strafen

a. wenn das Gesuch auf eine in der Person des Verurtheilten eingetretene Veränderung der im §. 4 jener Instruktion bezeichneten Art gestützt ist, und die nachgesuchte Frist den Zeitraum von 4 Wochen nicht übersteigt, von derjenigen Gerichtsbehörde, welcher die Vollstreckung des Urtels obliegt, ohne Anfrage beim Obergericht,

b. wenn das Gesuch durch eins der im §. 5 der gedachten Instruktion bezeichneten Verhältnisse veranlaßt wird, und die nachgesuchte Frist den Zeitraum von 4 Wochen nicht übersteigt, von dem betr. Obergericht ohne Anfrage beim Justiz-Minister, nach pflichtmäßigem Ermessen bewilligt werden können.

Seite 169, zu m. u. n. die Sistirung schon angetretener Steuerstrafen betreffend.

R. d. J. M. v. 7. Februar 1845. J. M.-Bl. 1845 p. 32.

Das Königliche Staats-Ministerium hat von einem speziellen Falle Veranlassung genommen, die Frage zur Berathung zu ziehen:

ob die Gerichts-Behörden schuldig sind, den Anträgen der Regierungen und Provinzialsteuerdirektionen wegen Sistirung schon angetretener Steuerstrafen Folge zu leisten?

Es hat sich dabei ergeben, daß diese Verpflichtung der Gerichts-Behörden in der bestehenden Gesetzgebung unzweifelhaft begründet sei.

---

*) Siehe v. K. Jahrb. Bd. 43. S. 342. Gräff, Bd. 9. p.29.

Der §. 95 der Ordnung zum Gesetze vom 8. Februar 1819 wegen Besteuerung des inländischen Branntweins, Braumalzes, Weinmostes und der Tabacksblätter (Gesetzsammlung S. 117.) setzt ausdrücklich fest:

daß die Regierungen nach Umständen der Vollstreckung der erkannten Strafen Anstand geben können, und daß die Gerichte dem, was deshalb an sie ergeht, Folge zu leisten haben.

Der § 42a des Gewerbesteuergesetzes vom 30. Mai 1820 (Gesetz-Sammlung S. 154) verweist, in Bezug auf das Strafverfahren gegen Gewerbesteuer-Defraudanten auf die allegirte Vorschrift, und nicht minder ermächtigt das Zoll-Strafgesetz vom 23. Januar 1838 §. 50 (Gesetz-Sammlung S. 88) die Steuerbehörden, nach Umständen der Vollstreckung gerichtlich erkannter Steuer-Strafen Einhalt zu thun, indem es zugleich die Gerichtsbehörden anweist, den desfallsigen Anträgen Folge zu geben.

Bei der Erörterung des Gegenstandes ist übereinstimmend anerkannt worden:

daß nach dem Wortsinn sowohl, als nach dem Zusammenhange der erwähnten gesetzlichen Vorschriften, die den Steuerbehörden beigelegte Befugniß, der Vollstreckung der Steuerstrafen Anstand zu geben, auf schon angetretene Strafen in demselben Maaße, wie auf noch nicht angetretene, Anwendung finde,

so wie,

daß auch die Allerhöchste Ordre vom 29. August 1838 (Jahrbücher Bd. 52, S. 231), nach welcher die Vollstreckung rechtskräftig erkannter Strafen durch Begnadigungsgesuche in der Regel nicht aufgehalten werden soll, diese Befugniß der Steuerbehörden nicht eingeschränkt habe, da die gedachte Allerhöchste Ordre, wie ihr Inhalt besage, nur die Abstellung der Mißbräuche bezweckt habe, welche bei Anwendung der Instruktion vom 26. Juni 1831 hervorgetreten waren, die Steuerbehörden aber gesetzlich befugt seien, die Vollstreckung der Steuerstrafen beliebig zu beanstanden oder zu sistiren, ohne daß es hierbei darauf ankomme, ob dies auf Grund eines Begnadigungsgesuches oder einer andern Rücksicht geschehe.

Sämmtliche Gerichtsbehörden werden hierdurch angewiesen, sich in vorkommenden Fällen nach den obigen Grundsätzen zu achten.

Seite 171, zu № 9. Straferlaß u. Ermäßigung betr.

Das R. d. F. M. v. 4. Juni 1844, Centr.-Bl. 1844 p. 110, bringt im Allgemeinen in Erinnerung, daß die Regierungen und Prov.-Steuerbehörden durch das Circular v. 4. Juni 1836 angewiesen sind, die von des Königs Majestät Selbst oder von dem Fin.-Minist. ausgegangene Entscheidung auf ein Gesuch um Erlaß oder Ermäßigung einer wegen eines Steuervergehens gerichtlich erkannten, rechtskräftig feststehenden Strafe, sobald dieselbe ihnen zugegangen ist, sofort zur Kenntniß des betr. Landes-Justiz-Collegiums zu bringen.

Seite 173, **zu B. die unbeitreiblichen Kosten betr.**

R. d. J. M. v. 29. Mai 1844. J. M.-Bl. 1844 p. 126.

Die Stadtgemeinde zu Berlin ist in Folge Vertrages vom 10—16. Dezember 1846 von allen Lasten der Civil- und Criminal-Gerichtsbarkeit befreit, was sich auf alle Fälle erstreckt, in denen sonst nach §. 9 der Crim.-Ordnung die Kosten und baaren Auslagen den Gerichtsobrigkeiten zur Last fallen. Alle dergleichen Kosten fallen daher künftig dem Criminalfond zur Last.

Seite 174, **die Kosten des gerichtlichen Verfahrens betreffend.**

R. d. J. M. v. 8. Januar 1844. Centr.-Bl. 1844 p. 15.

Auf den Antrag der schlesischen Provinzialstände ist in dem Landtags-Abschiede vom 30. December 1843 bestimmt:

daß die Kosten in Untersuchungs-Sachen gegen die unvermögenden Frauen und die noch im väterlichen Hause befindlichen Kinder derjenigen Soldaten, welche den in einigen Städten noch bestehenden Invaliden-Compagnien angehören, künftig auf die Staatskassen übernommen werden sollen.

Seite 175, **zu № 11, die Haupt-Amts-Justitiarien betreffend.**

R. d. J. M. v. 17. Juli 1845. J. M. Bl. 1845, p. 133.*)

Die Führung der gerichtlichen Untersuchung wegen Zoll- und Steuer-Vergehen, wenn keine andern Vergehen damit concurriren, gebührt dem H.-A.-Justitiarius mit Ausnahme des Falles, wenn ein fremder, unbekannter oder der Flucht verdächtiger Contravenient von den Steuer- oder Verwaltungsbeamten an ein benachbartes Gericht zur Aufbewahrung abgeliefert worden ist, für welchen Fall die Instruktion vom 28. Juni 1839 (J. M. Bl. p. 252) die Bestimmungen enthält.

Wenn mit den Zoll- oder Steuervergehen gemeine Verbrechen

---

*) Durch C. R. d. F. M. v. 2. August 1845, Centr.-Bl. 1845 p. 220, ist diese Verfügung des J. M. auch den Prov.-Steuerbehörden zur Nachachtung mitgetheilt.

concurriren, so ist dem betreffenden Obergerichte davon Anzeige zu machen, welches zu erwägen und entscheiden hat, ob die Führung der Untersuchung, den Umständen nach, zweckmäßiger durch den H.-A.-Justitiarius oder das ordentliche Gericht erfolgen kann; das letztere ist insbesondere zu wählen, wenn dem H.-A.-Justitiarius kein Criminal-Actuarius zur Disposition steht oder gestellt werden kann.

Seite 183, zu № 12, den Denunziantenantheil betr.

C. R. d. F. M. v. 24. December 1846. Centr.-Bl. 1847 p. 2.

Den Haupt-Amtsmitgliedern steht ein Denunziantenantheil weder in Stempel- noch in Zoll- und Steuer-Contraventions-Sachen zu, was resp. aus dem Schlusse der Instruction für die Hauptämter vom 26. März 1822 und aus den Vorschriften der Kab. Ordres vom 31. December 1819 und 17. December 1820 unzweifelhaft folgt.

Seite 257, zu §. 7, des Mahl- u. Schlachtsteuer-Gesetzes.

C. R. d. F. M v. 21. April 1846. Centr.-Bl. 1846 p. 229.

Nach der neben den §§. 27, 28, 38 u. 41 der Gewerbeordnung vom 17. Januar 1845 zur Anwendung kommenden Vorschrift des §. 7 des Mahl- und Schlachtsteuer-Gesetzes bedarf es in mahlsteuerpflichtigen Städten zur Anlegung einer mit thierischen Kräften oder Dampf zu treibenden Mühle der Genehmigung des Provinzial-Steuer-Directors. Jeder hat sich also mit einem solchen Antrage zunächst an den Provinzial-Steuer-Director zu wenden und erst unter Einreichung des von ihm ertheilten Consenses die Einleitung des in den §§. 28 sq. der Gewerbeordnung vorgeschriebenen Verfahrens bei den Regierungen zu beantragen.

Seite 259, zu Note ** 1. Vergütung der Mahl- ꝛc. steuer betr.

1) Cab. Ordre v. 19. April 1844. Centr.-Bl. 1844. p. 141.

Ich genehmige auf Ihren Bericht vom 5 d. M., daß die Mahl- und Schlachtsteuer nebst dem Communalzuschlage davon, so wie ein Theil des Debitspreises für das verbrauchte Salz von denjenigen, jenen Steuern unterliegenden Gegenständen, welche aus einer mahl- und schlachtsteuerpflichtigen Stadt zur Ausrüstung von Seeschiffen behufs einer Reise in das Ausland verwendet sind, nach Anleitung des anbei zurückerfolgenden Regulativs vom 5. d. M. erstattet, und Contraventionen gegen dieses Regulativ nach den darin §. 12 und 13 enthaltenen Bestimmungen geahndet werden.

2) Das in der vorgedachten Cab. Ordre genehmigte Regulativ vom 1. April 1844*) bestimmt im Wesentlichen:

Die Erstattung wird gewährt für die eingeladenen Lebensmittel an Roggen- und Weizenmehl, an Brod aus diesen Mehlsorten, an Gerstengraupe und Gerstengrütze, an gesalzenem und ungesalzenem Rind- und Schweinefleisch. §. 1.

Der Schiffsrheder oder Führer hat die schriftliche Declaration darüber dem betr. Hauptamte einzureichen. §. 2.

Nach Abgabe der Declaration dürfen Gegenstände der §. 1 bezeichneten Art nur mit ausdrücklicher Genehmigung des Hauptamtes von dem Schiffe entfernt werden, und dasselbe gilt, wenn das Schiff nach der Abreise genöthigt wird in den Hafen einer andern mahl- und schlachtsteuerpflichtigen Stadt einzulaufen. §. 11.

Jede Unrichtigkeit in der abgegebenen Declaration, welche auf die Zulässigkeit und den Betrag der Steuervergütung zum Vortheil des Declaranten von Einfluß gewesen sein würde oder gewesen ist, so wie jede Verletzung der im §. 11 gegebenen Bestimmung, im Fall die Steuervergütung bereits geleistet ist, wird mit der im §. 17 des Mahl- und Schlachtsteuer-Gesetzes vorgeschriebenen Defraudations-Strafe, eine sonstige Unrichtigkeit der Declaration oder Nichtbeachtung des §. 11 mit einer Ordnungsstrafe von 1 bis 10 Rthlr geahndet. §. 12.

Wird in Beziehung auf den für ein Seeschiff bestimmten oder eingenommenen Proviant, von dem Schiffsrheder, dessen Bevollmächtigten, dem Schiffsführer oder von einer zur Bemannung gehörigen Person eine Mahl- oder Schlachtsteuer-Defraudation durch Verletzung der vorstehenden oder der allgemeinen gesetzlichen Bestimmungen begangen, so kann die nachgegebene Steuer-Erstattung für jenes Schiff auf immer oder während eines bestimmten Zeitraums versagt werden. §. 13.

Die Zurücknahme und die Aenderung aller vorstehenden Bestimmungen bleibt vorbehalten. §. 14.

3) Sämmtliche wegen der Theuerung im Jahre 1847 zeitweise ergangenen Bestimmungen wegen Suspension und Erstattung der Mahl- und Schlachtsteuer sind als blos provisorische Maßregeln nicht mitgetheilt.

Seite 263, zu Note 2 f.

C. R. d. F. M. v. 13. November 1844. Centr.-Bl 1844 p. 272.

Mittelst Cab. Ordre vom 8. November 1844 ist genehmigt worden, daß die wegen des Dextrin's und der gerösteten

---

*) Den Prov.-Steuerbehörden ist dies Regulativ durch C. R. d. F. M. v. 12. Mai 1844 Centr.-Bl. 1844 p. 141 zur Beachtung mitgetheilt.

Stärke nach der Verf. vom 21. Mai 1841 gewährte Befreiung von der Eingangs-Mahlsteuer, unter Anwendung der erforderlichen Sicherungsmaßregeln, auf alle Stärke zur Anwendung komme, welche dazu bestimmt ist, gewerbsweise für solche Fabrikate verwendet zu werden, die nicht zum Genusse für Menschen bestimmt sind.

Seite 266, zu № 1, den Thatbestand betreffend.

R. d. F. M. v. 17. Mai 1846. Centr.-Bl. 1846 p. 170.

Wenn Gewerbtreibende im äußern Bezirk mahl- und schlachtsteuerpflichtiger Städte, welche als solche nach §. 14 des Gesetzes vom 30. Mai 1820 Mahl- und Schlachtsteuer zu entrichten haben, ihren Betrieb behufs der Gewerbesteuer anmelden, so ist nicht anzunehmen, daß sie die Mahl- und Schlachtsteuer hinterziehen wollen. Unterbleibt daher deren Entrichtung, so spricht die Wahrscheinlichkeit dafür, daß nur Unkenntniß zu diesem Verstoße geführt habe. Zur Vermeidung solcher Verstöße sollen die betr. Steuer-Behörden von der Anmeldung eines solchen Gewerbebetriebs jedesmal benachrichtigt werden.

Seite 272. zu III a. Kab. Ordre v. 20. Juni 1830.

R. d. Kriegs-Min. u. d. M. d. J. v. 17. Januar 1847. Minist.-Bl. 1847. p. 5.

Die Bestimmungen der Kab. Ordre v. 20. Juni 1830 finden unbedenklich auch auf solche Fälle Anwendung, wo das Eigenthum der Stadtmauern nicht der Stadtgemeinde, sondern einem Dritten zusteht.

Seite 274, zur Verordnung vom 21. März 1840.

Vergleiche im Allgemeinen die unten mitgetheilte anderweite Verordnung vom 7. August 1846.

Seite 280, zu IV der Verordnung vom 21. März 1840.

Diese Strafbestimmungen sind durch die §§. 17 sq. der unten mitgetheilten Verordnung vom 7. August 1846 mit Rücksicht darauf, daß es sich nicht mehr um eine Controll-Abgabe, sondern um eine wirkliche Steuer handelt, modifizirt worden.

Seite 283, **zu Artikel 4 der Uebereinkunft v. 8. Mai 1841.**

1) **Kab. Ordre v. 1. Juli 1844.** G. S. 1844. p. 182.

In Gemäßheit der unter den Staaten des Zollvereins bestehenden vertragsmäßigen Vereinigung, wonach vom 5. September d. J. die Eingangszölle von ausländischem Zucker und Syrup und die Steuer vom inländischen Rübenzucker von drei zu drei Jahren festgestellt werden sollen, bestimme Ich für den dreijährigen Zeitraum vom 5. September 1844 bis dahin 1847 rc.

II. Die Steuer von dem aus Rüben erzeugten Rohzucker soll 1 Thlr. für den Zollzentner betragen und von den zur Zuckerbereitung bestimmten Rüben mit $1\frac{1}{2}$ Sgr. von jedem Zollzentner roher Rüben erhoben werden.

2) **Die Kab. Ordre v. 25. Juni 1847,** G. S. 1847, p. 241. bestimmt, daß diese Steuersätze noch bis zum 1. September 1848 unverändert in Anwendung kommen sollen.

Seite 285, **zur Verordnung v. 30. Juli 1841 wegen Besteuerung des Rübenzuckers.**

1) **Verordnung v. 7. August 1846,** die Besteuerung des im Inlande erzeugten Rübenzuckers betr. G. S. 1846, p. 335.

Wir rc. haben mit den zum Zollvereine gehörenden Staaten, in Gemäßheit des Artikels 2 der Uebereinkunft vom 8. Mai 1841 (Gesetzsammlung Seite 151), allgemeine und übereinstimmende gesetzliche Vorschriften wegen der Besteuerung des im Umfange des Zollvereins erzeugten Rübenzuckers vereinbart, und verordnen auf den Antrag Unseres Finanz-Ministers — unter Bezugnahme auf die Ordre vom 1. Juli 1844 (Gesetzsammlung 182), durch welche die Höhe der von dem Rübenzucker zu entrichtenden Steuer bis zum 1. September 1847 festgesetzt ist; dagegen unter gleichzeitiger Aufhebung der Verordnung wegen Erhebung einer Controle-Abgabe von den zur Zuckerbereitung zu verwendenden Runkelrüben vom 21. März 1840 (Gesetzsammlung S. 109), soweit die Bestimmungen derselben noch gültig sind, — wie folgt: *)

I. Allgemeine Bestimmungen.

1) Höhe der Steuer.

§. 1. Der aus Runkelrüben oder aus andern zuckerhaltigen Rüben erzeugte Rohzucker wird mit einer Steuer belegt, deren Höhe

---

*) Die Verordnung vom 7. August 1846 ist den Prov.-Steuerbehörden mittelst C. R. des F. M. v. 7. August 1846, Centr.-Bl. 1846 p. 259, unter Beifügung einer besondern Ausführungs-Instruktion von demselben Tage, zugefertigt, aus welcher letzteren die hieher gehörigen Vorschriften in den folgenden Noten zur Verordnung selbst mitgetheilt sind.

je für eine dreijährige, mit dem 1. September beginnende Periode festzusetzen und wenigstens acht Wochen vor Anfang der letztern bekannt zu machen ist.

Die Steuer wird von den zur Zuckerbereitung bestimmten Rüben erhoben und dabei bis auf weitere Bestimmung angenommen, daß zur Hervorbringung von Einem Zentner Zucker zwanzig Zentner rohe Rüben erforderlich sind.

2) Wie solche erhoben wird:

a. auf den Grund spezieller Gewichts-Ermittelung.

§. 2. a. In denjenigen Rübenzucker-Fabriken, welche die Rüben im frischen Zustande verarbeiten, wird das Gewicht der Rüben, bevor solche auf die Zerkleinerungsapparate gelangen, durch amtliche Verwiegung ermittelt, zu welchem Behufe in einer jeden solchen Fabrik, und in jeder von der eigentlichen Fabrik getrennt bestehenden Anstalt zur Vorrichtung von Rüben für die Zuckerbereitung, eine Waage nebst den erforderlichen Gewichten in unmittelbarer Nähe des Zerkleinerungsapparats (der Reibe- und resp. Schneidemaschine) vorhanden sein muß.

Es dürfen nicht weniger als je fünf Zentner Rüben auf die Waage gebracht werden. Die Gewichtsermittelung durch Probeverwiegungen ist unzulässig.

b. In denjenigen Fabriken, welche auf die Bereitung des Zuckers aus getrockneten (gedörrten) Rüben eingerichtet sind, werden die Rüben — und zwar sowohl die in der Fabrik selbst getrockneten, als diejenigen, welche in getrocknetem (gedörrtem) Zustande von auswärtigen Trocknungsanstalten bezogen oder in solchem Zustande von anderen Personen erworben werden — vor ihrer Einbringung in das Lokal, in welchem sich die Extraktionsgefäße befinden, auf einer, nebst den erforderlichen Gewichten von dem Fabrikinhaber in unmittelbarer Nähe des gedachten Lokals zu haltenden Waage verwogen, und es werden, Behufs der Abgabenentrichtung, auf jeden Zentner getrocknete fünf und ein halber Zentner rohe Rüben gerechnet.

c. Zur Erleichterung des Verwiegungsgeschäfts wird die Anwendung von Brückenwaagen gestattet. Die zur Verwiegung nothwendigen mechanischen Verrichtungen ist der Fabrikinhaber schuldig durch seine Arbeiter leisten zu lassen.

d. Zum Behufe der amtlichen Verwiegung der Rüben sind die Fabrikanten verpflichtet, solche bauliche Einrichtungen und sonstige Veranstaltungen zu treffen, daß die mit dem Verwiegungsgeschäft beauftragten Beamten gegen Nässe, Kälte und Zugwind möglichst geschützt sind.

Auch muß sowohl diesen, als den sonst mit der Controle beauftragten Steuerbeamten in dem Fabrikgebäude die Mitbenutzung eines erwärmten, mit dem zum Schreiben erforderlichen Mobiliar ausgestatteten Lokals und darin ein verschließbares Behältniß zur Aufbewahrung von Papieren eingeräumt werden.

b. im Wege der Fixation.

§. 3. Für Fabriken, welche innerhalb einer Betriebsperiode (von der Rübenerndte bis zur Erschöpfung des Materials) nicht über 10,000 Zentner rohe Rüben verarbeiten, kann auf den Grund der angemeldeten und revidirten Materialvorräthe eine Fixation der dafür zu entrichtenden Steuer eintreten. In diesem Falle unterbleibt die im §. 2 angeordnete spezielle Verwiegung der Rüben und es findet nur eine allgemeine Beaufsichtigung des Betriebes Statt.

Sollte jedoch im Laufe der Fabrikation sich ergeben, daß die Menge der zur Verarbeitung bestimmten Rüben unrichtig angegeben oder ohne vorgängige Anzeige vermehrt worden ist, so kann die Steuerbehörde die spezielle Controle der betreffenden Fabrik auf Kosten des Inhabers derselben anordnen.

3) Von wem und wann die Steuer zu entrichten ist.

§. 4. Zur Entrichtung der Steuer ist der Fabrikinhaber verpflichtet.

Der von der Hebestelle des Bezirks am Schlusse eines jeden Kalender-Monats festgestellte und dem Steuerpflichtigen bekannt gemachte Gefällebetrag muß binnen drei Tagen nach Empfang der amtlichen Berechnung eingezahlt werden. In wiefern hierzu weitere Zahlungsfristen zu bewilligen sind, bleibt der Bestimmung des Finanz-Ministers vorbehalten.

4) Erlaß oder Erstattung der Steuer.

§. 5. Ein Erlaß oder eine Zurückzahlung der Steuer aus dem Grunde, weil während oder nach der Fabrikation Materialien oder die daraus bereiteten Fabrikate unbrauchbar geworden oder durch ein zufälliges Ereigniß verloren gegangen sind, findet nicht Statt.

5) Verjährung.

§. 6. Bei Erhebung der Rübenzucker-Steuer findet, sowohl gegen den Steuerpflichtigen als gegen den Staat, eine einjährige Verjährung in der Art Statt, daß nur binnen Jahresfrist, vom Tage der Steuerentrichtung an, ein Anspruch auf Ersatz wegen zu viel gezahlter Gefälle angebracht, und daß nur binnen gleicher Frist, von gleichem Zeitpunkte an, eine Nachforderung an den Abgabepflichtigen wegen zu wenig erhobener Steuer geltend gemacht werden darf.

Auf das Regreßverhältniß des Staates gegen die Steuerbeamten und auf die Nachzahlung defraudirter Gefälle leidet diese abgekürzte Verjährungsfrist keine Anwendung.

6) Beschränkungen des Betriebs.

§. 7. a. Der vereinigte Betrieb der Zuckerfabrikation aus Rüben und aus Kolonialzucker darf nur unter Beobachtung der von dem Finanz-Minister zur Verhütung von Mißbräuchen und zum Schutze des Steuerinteresse zu treffenden Anordnungen Statt finden.

b. Rübenzucker-Fabriken innerhalb des Grenzbezirks unterliegen, außer den in der gegenwärtigen Verordnung enthaltenen Bestimmungen, den Vorschriften im §. 35 des Zoll-Gesetzes und in den §§. 88 bis 90 der Zoll-Ordnung vom 23. Januar 1838 und dürfen daher nur unter Beobachtung der zur Sicherung des Gewerbs- und des Zoll-Interesse nöthig erachteten Bedingungen und Beschränkungen fortgesetzt oder neu angelegt und betrieben werden.

II. Vorschriften über die Erhebung und Controlirung der Steuer.

1) Anmeldung der Betriebs-Räume und Geräthe.

§. 8. a. Wer, um Zucker aus Rüben zu bereiten, eine Fabrik anlegen oder sonst Einrichtungen treffen will, ist verpflichtet, solches der Steuerhebestelle, in deren Bezirk die Fabrik liegt, mindestens sechs Wochen vor dem Beginn des ersten Betriebs schriftlich anzuzeigen und der gedachten Behörde spätestens acht Tage vor Eintritt dieses letzteren Zeitpunkts eine Nachweisung, nach einem näher vorzuschreibenden Muster, in doppelter Ausfertigung einzureichen, worin die Räume zur Aufstellung der Geräthe und zum Betriebe der Zuckerbereitung, einschließlich aller dazu gehörigen oder damit im Zusammenhange stehenden Vorbereitungen und Operationen, die Räume zur Aufbewahrung der Rüben und zur Aufbewahrung der verschiedenen Fabrikate, ferner die zu benutzenden feststehenden Geräthe, als: die Apparate zum Waschen, Zerkleinern und Dörren der Rüben, zum Extrahiren und Auspressen des Rübensaftes, die Kessel, Pfannen und sonstigen Vorrichtungen zum Kochen, Läutern und Klären des Zuckers u. s. w., ingleichen der in Preußischen Quarten ausgedrückte Rauminhalt der Kessel und Pfannen, von jedem dieser Geräthe besonders, genau und vollständig angegeben sein müssen.

b. Dieser Nachweisung muß ein Grundriß der Betriebsräume und der Stellung der darin befindlichen feststehenden Geräthe, nach der von der Steuerbehörde zu gebenden näheren Anleitung, zweifach beigefügt, ein Exemplar, von der Steuerhebestelle bescheinigt, in dem Fabriklokale aufbewahrt und die darin bezeichnete Stellung der Geräthe so lange unverändert beibehalten werden, als Abänderungen nicht durch Einreichung eines anderweiten Grundrisses angezeigt worden sind.

c. Nicht minder liegt den Inhabern von Rübenzuckerfabriken ob, wenn neue Geräthe der unter a bezeichneten Art angeschafft oder die bereits angemeldeten ganz oder zum Theil abgeändert werden, vor oder unmittelbar nach dem Empfange der Geräthe der Steuerhebestelle davon Anzeige zu machen und dieselben nicht ohne die von der letztern zu ertheilende amtliche Bescheinigung in Gebrauch zu nehmen.

d. Zur Anzeige innerhalb der nächsten drei Tage sind dieselben auch verpflichtet, wenn bereits angemeldete Geräthe ganz oder zum

Theil, zum Zwecke der Fabrikation, in ein anderes Lokal gebracht werden.*)

2) Bezeichnung und Vermessung der Geräthe.

§. 9. Die in den Betriebsräumen vorhandenen feststehenden Geräthe werden nach der Bestimmung der Steuerbehörde numerirt, welche, wenn sie dazu Veranlassung findet, auch eine Nachmessung der Kessel und Pfannen vornehmen kann.**)

Die Nummer und den angegebenen oder ermittelten Quartinhalt muß der Fabrikinhaber an den Geräthen deutlich bezeichnen und diese Bezeichnung gehörig erhalten lassen; wie solche zu bewirken und wo sie anzubringen sei, wird für jedes Geräth von der Steuerbehörde bestimmt.

3) Amtliche Bescheinigung darüber.

§. 10. Die Steuerhebestelle ist verpflichtet, über die Anmeldung, Vermessung und Bezeichnung der Geräthe eine Bescheinigung zu ertheilen. Nur durch solche Bescheinigungen, welche in dem Fabriklokale aufbewahrt werden müssen, kann der Nachweis geführt werden, daß die Geräthe und die damit vorgenommenen Veränderungen vorschriftsmäßig angemeldet worden.

4) Aufsicht der Steuerbehörde.

§. 11. a. Die angemeldeten Betriebsräume und die darin vorhandenen Geräthe stehen unter der Aufsicht der Steuerbehörde. Von denselben können die Apparate zum Zerkleinern der Rüben (Reibe- und Schneidemaschinen), so wie diejenigen zum Extrahiren oder Auspressen des Rübensaftes für die Zeit, während welcher ein Betrieb derselben nicht Statt findet, auf angemessene Weise außer Gebrauch gesetzt werden. Die hierauf abzweckenden Vorrichtungen werden auf Kosten des Fabrikinhabers getroffen.

b. Die Inhaber von Rübenzuckerfabriken sind verpflichtet, über ihren gesammten Fabrikationsbetrieb Bücher (Betriebs- oder Fabrikbücher), aus welchen die Menge der verarbeiteten Rüben und der erzielten Fabrikate verschiedener Gattung ersichtlich sein muß, zu führen und solche den Ober-Beamten der Steuerverwaltung

---

*) Die Anzeige von der Anschaffung neuer Geräthe und von den mit den Geräthen vorgehenden Veränderungen (§. 8 c. u. d. der Verordnung) ist schriftlich in doppelter Ausfertigung nach dem vorgeschriebenen Muster zu bewirken. §. 3 d. Instr. v. 7. August 1846.

**) Zur Nachmessung der Kessel und Pfannen (§. 9 der Verordnung) ist nur ausnahmsweise dann zu schreiten, wenn eine unrichtige Angabe des Inhalts, dem Augenscheine nach, mit Wahrscheinlichkeit anzunehmen ist. Findet eine Nachmessung Statt, so muß solche mit Zuziehung des Fabrik-Inhabers oder eines dazu von ihm bestimmten Stellvertreters geschehen und eine, von sämmtlichen Anwesenden zu unterschreibende Verhandlung darüber aufgenommen werden, welche als Belag des Inventariums dient. §. 4 l. c.

(Ober-Controleuren, Ober-Inspektoren oder noch höher stehenden Beamten), so wie deren Vertretern jederzeit, andern Beamten aber nur, wenn dieselben dazu von der Provinzial-Steuerbehörde besonders beauftragt sind, auf Erfordern vorzulegen.

5) Anmeldung des Betriebs.

§. 12. a. Wenn eine neu angelegte Rübenzuckerfabrik zuerst, oder eine außer Thätigkeit gewesene ältere Anlage der Art wieder in Betrieb gesetzt werden soll, so muß der Inhaber solches der Steuerhebestelle des Bezirks vierzehn Tage vor dem muthmaßlichen Beginne des Betriebs schriftlich anzeigen und sich von derselben eine Bescheinigung darüber ertheilen lassen. Diese Anzeige muß zugleich die Angabe enthalten, ob und mit welchen regelmäßigen Unterbrechungen der Betrieb Statt finden soll*).

b. Befinden sich Geräthe unter amtlichem Verschlusse, so veranlaßt die Steuerhebestelle, daß sich ein Beamter zur Abnahme desselben rechtzeitig in der Fabrik einfinde.

6) Einreichung von Material-Vorraths-Verzeichnissen.

§. 13. a. Wer Zucker aus Rüben bereitet, hat im Herbste jedes Jahres, drei Tage nach Beendigung der Erndte und, wenn diese über den Schluß des Monats November hinaus dauern sollte, spätestens am letzten Tage des gedachten Monats, der Steuerhebestelle ein nach einem besondern Muster anzufertigendes Verzeichniß seiner sämmtlichen Rübenvorräthe, worin zugleich der Ort ihrer Aufbewahrung angegeben sein muß, zweifach einzureichen, auch jeden fernern Zugang an Rüben, zur Nachtragung in dem Verzeichnisse, sogleich anzumelden.

b. Das eine Exemplar dieses Verzeichnisses wird, mit dem Visa der Steuerhebestelle versehen, zurückgegeben und muß in dem Betriebslokale reinlich dergestalt aufbewahrt werden, daß solches auf Erfordern sogleich vorgelegt werden kann.

7) Besondere Vorschriften für die Fabriken, in welchen getrocknete Rüben verarbeitet werden.

§. 14. Die Inhaber derjenigen Fabriken, in welchen die Rüben in getrocknetem (gedörrtem) Zustande verarbeitet werden, sind verpflichtet, ihre gesammten Vorräthe an getrockneten Rüben nur an einem gewissen, ein für allemal zu bestimmenden Orte, welcher unter Mitverschluß der Steuerbeamten steht, aufzubewahren, auch, so oft getrocknete (gedörrte) Rüben von außerhalb — sei es von auswärtigen Trocknungsanstalten oder von dritten Personen — bezogen wer-

*) Diese Betriebs-Anzeige wird von dem Fabrik-Inhaber in doppelter gleichlautender Ausfertigung der Steuer-Hebestelle übergeben, welche dieselbe in das Anmeldungs-Register einträgt, beide Exemplare mit ihrem Visa und dem Vermerke der Eintragung versieht und ein Exemplar dem Fabrik-Inhaber zum Ausweise über die geschehene Meldung zurückgiebt. §. 7. l. c.

den sollen, der Steuerhebestelle solches spätestens am Nachmittage des vorhergehenden Tages schriftlich anzumelden.

Diese Anmeldung, welche die Menge und die Art der Verpackung der einzubringenden Rüben, den Ort ihrer Herkunft, so wie den Tag und die Stunde der Einbringung enthalten muß, kann, nach der Wahl des Fabrikinhabers, entweder für jeden einzelnen Transport oder für einen längeren Zeitraum im Voraus gemacht werden.

Zur angemeldeten Stunde der Einbringung ist die Ankunft eines Steuerbeamten abzuwarten und in dessen Gegenwart alsdann sogleich — je nachdem die Rüben sofort verarbeitet werden sollen oder nicht — im erstern Falle deren Verwiegung, im andern Falle deren Aufnahme in das unter Mitverschluß der Steuerbeamten stehende Aufbewahrungslokal zu bewirken.

Sollen demnächst Rüben, Behufs der Verarbeitung, aus dem Aufbewahrungslokale entnommen werden, so findet sich ein Steuerbeamter in der Fabrik ein, um das Lokal zu öffnen und unter seiner Aufsicht die Rüben herausnehmen und verwiegen (§. 2 b) zu lassen. Das auf einmal zu entnehmende Quantum Rüben, ingleichen die Zeit der Entnahme wird für jede Fabrik, nach Maaßgabe des Statt findenden Betriebs, von der Steuerbehörde bestimmt.

8) Verpflichtung zur Befolgung der Controle-Vorschriften.

§. 15. Die in der gegenwärtigen Verordnung und insbesondere in den vorstehenden Paragraphen 8—14 ertheilten Controle-Vorschriften ist nicht nur Derjenige, welcher die Zuckerfabrikation betreibt oder für seine Rechnung betreiben läßt, sondern auch ein Jeder, welcher dabei beschäftigt ist, zu beobachten schuldig.

III. Behörden und Beamten zur Erhebung und Aufsicht.*)

§. 16. Die Erhebung der Steuer und die Beaufsichtigung der Rübenzucker-Fabriken geschieht von denjenigen Behörden und Beamten, welchen die Erhebung und Controlirung der Branntwein- und Braumalz-Steuer obliegt, und es kommen, rücksichtlich der inne zu haltenden Dienststunden der Hebestellen, so wie des Verhaltens der Beamten gegen die Steuerpflichtigen und dieser gegen jene, die Vorschriften der §§. 56 und 57 der Steuer-Ordnung vom 8. Februar 1819 in Anwendung.

---

*) Der allgemeinen Betriebs-Controle unterliegen die fixirten Rübenzucker-Fabriken ebenfalls, und auch die nicht in Betrieb stehenden Fabriken müssen von Zeit zu Zeit, um von dem unverletzten Zustande des Verschlusses Ueberzeugung zu nehmen, besucht werden.

In jeder Fabrik wird ein Revisionsbuch nach dem vorgeschriebenen Muster, gehalten, worin die von dem revidirenden Beamten, mit Einschluß der Ober-Inspektoren, abgehaltenen Revisionen nach Zeit und Befund, hinter einander einzutragen sind. §. 26 u. 27. l. c.

Nicht minder sollen die in den §§. 49 und 53 bis einschließlich 55 dieser Steuer-Ordnung enthaltenen Bestimmungen sowohl von den Beamten, wie von den Steuerpflichtigen und zwar mit der Maaßgabe beobachtet werden, daß, soweit in diesen Bestimmungen von Branntweinbrennern die Rede ist, solche auf Diejenigen zu beziehen sind, welche Zucker aus Rüben bereiten.

IV. Von den Strafen und dem Strafverfahren.

A. Strafen.

1) Strafe der Steuer-Defraudation.

§. 17. Einer Defraudation macht sich schuldig, wer

1) in dem nach §. 13 zu überreichenden Verzeichnisse seiner Rübenvorräthe diese absichtlich zu gering angiebt, oder — falls nach §. 3 die Entrichtung der Steuer in fester Summe zugestanden worden ist — die Menge der nach dem Fixationsvertrage zur Verarbeitung bestimmten Rüben absichtlich zu gering angiebt oder ohne vorgängige Anmeldung bei der Steuerbehörde vermehrt; ferner, wer

2) da, wo die Rüben im frischen Zustande verarbeitet werden, dergleichen Rüben, bevor deren Gewicht amtlich ermittelt worden ist, in die Zerkleinerungsapparate aufnimmt oder sonst einer zur Zuckergewinnung dienenden Operation unterwirft; endlich, wer

3) da, wo die Rüben im getrockneten Zustande verarbeitet werden, getrocknete Rüben, bevor deren Gewicht amtlich ermittelt worden ist, in die Extraktionsgefäße bringt oder sonst einer zur Zuckergewinnung dienenden Operation unterwirft oder getrocknete Rüben ohne vorgängige Anmeldung bei der Steuerbehörde in eine Rübenzuckerfabrik einführt.

Kann in den Fällen unter 2 und 3 der Angeschuldigte nachweisen, daß er eine Defraudation nicht habe verüben wollen, so findet nur eine Ordnungsstrafe nach Maaßgabe des §. 25 oder 26 Statt.

a. im ersten Falle.

§. 18. Die Strafe der Defraudation besteht in einer, dem vierfachen Betrage der vorenthaltenen Steuer gleichkommenden Geldbuße, welche jedoch niemals weniger als 10 Thlr. betragen soll.

Die vorenthaltene Steuer selbst ist unabhängig von der Strafe zu entrichten.

b. im ersten Rückfalle.

§. 19. Im Wiederholungsfalle, nach vorhergegangener rechtskräftiger Verurtheilung, wird die im §. 18 eintretende Geldbuße verdoppelt.

c. bei ferneren Rückfällen.

§. 20. Jeder fernere Rückfall wird mit dem Doppelten der im §. 19 bestimmten Geldbuße, so wie mit dem Verluste des Rechts zum Betriebe der Rübenzuckerfabrikation und zur Hülfsleistung dabei auf die Dauer von einem bis fünf Jahren geahndet.

d. Strafe der Defraudation unter erschwerenden Umständen.

§. 21. Die Strafe der Defraudation wird um die Hälfte geschärft, wenn in den unter No. 2 und 3 des §. 17 gedachten Fällen

1) unter amtlichem Verschlusse befindliche Zerkleinerungsapparate oder Extraktionsgefäße eigenmächtig in Betrieb gesetzt, oder
2) nicht angemeldete Zerkleinerungsapparate oder Extraktionsgefäße gebraucht, oder
3) nicht angemeldete Räume zu einer zur Zuckergewinnung dienenden Operation benutzt worden sind.

e. Strafe der Theilnahme.

§. 22. Die Strafen der Miturheber, Gehülfen u. Begünstiger einer Defraudation, so wie Derjenigen, welche an den Vortheilen des Vergehens nach dessen Verübung wissentlich Theil nehmen, sind nach den allgemeinen Strafgesetzen zu bestimmen.

Die für den Rückfall bestimmte Strafe trifft aber nur diejenigen Theilnehmer einer Defraudation, welche sich selbst eines Rückfalls schuldig gemacht haben.

2) Berechnung der verkürzten Steuer und der Defraudationsstrafe.

a. wenn unangemeldete Geräthe unbefugter Weise benutzt worden.

§. 23. Sind unangemeldete Geräthe zur Bereitung von Rübenzucker benutzt worden, so werden die verkürzte Steuer und der Betrag der Defraudationsstrafe nach derjenigen Menge der Rüben berechnet, welche während der letzten sechs Monate vor dem Tage der Entdeckung auf dem unbefugter Weise gebrauchten Geräthe hat verarbeitet werden können, in sofern nicht entweder eine größere Steuerverkürzung ermittelt, oder vollständig erwiesen wird, daß der Betrieb in der angenommenen Ausdehnung nicht Statt gefunden hat.

b. wenn außer Gebrauch gesetzte Geräthe unbefugter Weise benutzt worden.

§. 24. Sind Geräthe, welche die Steuerbehörde außer Gebrauch gesetzt hatte, eigenmächtig wieder in Betrieb gebracht worden, so werden, unter gleicher Voraussetzung wie am Schlusse des §. 23, die verkürzte Steuer und der Betrag der Defraudationsstrafe nach derjenigen Menge Rüben berechnet, welche seit der Stunde, wo das unbefugter Weise gebrauchte Geräth zuletzt amtlich unter Verschluß gefunden worden ist, bis zur Zeit der Entdeckung auf diesem Geräthe hat verarbeitet werden können.

3) Besondere Strafbestimmungen.

a. Strafe der unterlassenen oder unrichtigen Anzeige der Geräthe und der unterlassenen Geräthe-Bezeichnung.

§. 25. Wer die Fabrikgeräthe oder die damit vorzunehmenden oder vorgenommenen Veränderungen nicht, wie im §. 8 vorgeschrieben ist, anzeigt oder den Rauminhalt der Kessel und Pfannen, der Vorschrift des § 8 zuwider, zu gering angiebt oder die im §. 9 vorgeschriebene Bezeichnung der Geräthe unterläßt, verfällt in eine Strafe von 5 bis 20 Thlr., welche bei Wiederholungen auf 20 bis 50 Thlr. erhöht wird.

b. Bestrafung sonstiger Uebertretungen.

§. 26. Die Uebertretung solcher, in dieser Verordnung enthaltenen Bestimmungen und der in Gemäßheit derselben erlassenen und gehörig bekannt gemachten Verwaltungsvorschriften, auf welche keine besondere Strafe gesetzt worden, soll mit einer Geldbuße von 1 bis 10 Thlr. geahndet werden.

4) Verwandlung der Geld- in Freiheitsstrafe.

§. 27. Wenn eine Geldbuße von dem Verurtheilten wegen seines Unvermögens nicht beizutreiben ist, tritt an deren Stelle eine verhältnißmäßige Freiheitsstrafe, welche jedoch im ersten Falle die Dauer von einem Jahre, bei dem ersten Rückfalle die Dauer von zwei Jahren und bei ferneren Rückfällen die Dauer von vier Jahren nicht übersteigen, dagegen aber im dritten oder in einem ferneren Rückfalle nicht unter einem halben Jahre betragen soll.

5) Sonstige Strafbestimmungen.

§. 28. In Ansehung der Vertretungsverbindlichkeit für verwirkte Geldstrafen, der Concurrenz andrer Verbrechen, der Bestechung der Steuerbeamten und der Widersetzlichkeit gegen letztere gelten die Bestimmungen der §§. 83, 84 und 86 bis einschließlich 89 der Steuer-Ordnung vom 8. Februar 1819, so wie der Deklaration vom 6. Oktober 1821.

B. Straf-Verfahren.

§. 29. Hinsichtlich des Verfahrens gegen die Contravenienten kommen die Vorschriften der Steuer-Ordnung vom 8. Februar 1819. §§. 91 bis einschließlich 95, so wie die zur Deklaration der §§. 93 und 94 derselben ergangenen Bestimmungen vom 20. Januar 1820 und 27. September 1833 zur Anwendung.

§. 30. Die durch diese Verordnung für das Vergehen der Defraudation bestimmten Strafen verjähren in fünf Jahren, bloße Ordnungsstrafen aber in Einem Jahre seit Verübung des Vergehens oder der Contravention.

Seite 287, **zu Note 1 c.**

1) Durch die C. R. d. F. M. vom 3. März, 2. April und 19. Juni 1845. Centr.-Bl. 1845 p. 89, 90 und 181 sind einige erleichternde Maaßregeln hinsichtlich des Bezuges von Viehsalz und Salz für Fabrikanten getroffen worden.

2) C R. und Bekanntmachung des F. M. v. 9. November 1845. Centr.-Bl. 1845. p. 285 bis 287.

Mit Allerhöchster Genehmigung ist der Preis für die Tonne gepackten Viehsalzes auf vier Thaler herabgesetzt, auch einzelnen Gemeinden gestattet worden das von ihnen aus den öffentlichen Verkaufsstellen entnommene Viehsalz durch zuverlässige Personen weiter an Gemeinde-Angehörige abzusetzen Das Viehsalz wird aber nur zum Genusse für Hausthiere überlassen und darf bei Vermeidung der durch die Kab.-Ordre vom 21. Juni 1838 bestimmten Rügen nicht auf andere Art verwendet werden. Die allgemeine Aufsicht über die Verwendung steht den Steuerbeamten zu, welchen auf Erfordern die nöthige Auskunft gegeben werden muß; die mit dem Verkaufe an die Gemeinde-Angehörigen beauftragte Person hat darüber ein Register nach dem vorgeschriebenen Muster zu führen und dasselbe den Oberinspectoren und Obercontroleuren zur Einsicht vorzulegen resp. nach Ablauf jeden Jahres dem betr. Hauptamte einzusenden.

Seite 289, zu Note a.

Unter den zollvereinten Staaten ist in Verfolg der Münzconvention vom 30. Juli 1838 auch ein Münzcartel unter dem 21. Oktober 1845 abgeschlossen worden (G. S. 1846 p 478), wonach sich die contrahirenden Staaten gegenseitig verpflichten ihre Angehörigen wegen eines Münzvergehens gegen einen andern der contrahirenden Staaten eben so zu bestrafen als wenn das Vergehen gegen das eigne Münzregal begangen wäre. Dies bezieht sich auch auf die Staatsschuldscheine oder andere dergleichen öffentliche Papiere. Unter gewissen Modificationen ist gegenseitige Auslieferung der Verbrecher verabredet. Für die Dauer dieses mit der Münzconvention vom 30. Juli 1838 ablaufenden Münzcartels ist durch die Kab.-Ordre vom 26. September 1846, G. S. 1846. p. 477, in Bezug auf die verbundenen Staaten, der in den Preußischen Strafgesetzen gemachte Unterschied zwischen inländischem und ausländischem geprägten Papiergelde, so wie zwischen inländischen und ausländischen Papieren der im Münzkartel bezeichneten Art, aufgehoben worden.

Seite 301, zu §. 4 der Zollgewichts-Ordnung vom 31. October 1839.

1) C. R. d. F. M. v. 20. April 1844. Centr.-Bl. 1844 p. 109.

Wegen Beschaffung, Eichung 2c. der erforderlichen Zollgewichte soll die Normal-Eichungs-Commission in Berlin nicht ferner requirirt werden, auch soll die Beschaffung der Gewichte überhaupt nicht den einzelnen Aemtern überlassen, sondern stets durch die Provinzial-

Steuerbehörden, event. durch Vermittelung der Regierungen oder Prov.-Eichungs-Commissionen bewirkt werden.

2) C. R. d. F. M. v. 1. Oktober 1844. Centr.-Bl. 1844 p. 211.

Für die zur Eichung und demnächst zurückgehenden Gewichtsstücke ist die Portofreiheit bis zum Gewichte von 200 Pfd. mit einer Post bewilligt, wenn die Gewichtsstücke nicht blos sondern postmäßig in Pakete von höchstens 120 Pfd. verpackt eingeliefert, und die Beschwerung der Post damit möglichst vermieden wird.

Seite 302, zu §. 1 der Zoll-Ordnung vom 23. Januar 1838.

1) Ueber die Behandlung des Waaren-Ein- und Ausganges durch die Odermündungen in Beziehung auf die Zollverfassung ist von dem Fin.-Ministerio das Regulativ vom 31. Januar 1846 Centr.-Bl. 1846. p. 171 sq. erlassen, worin §. 70 bestimmt wird, daß jede Uebertretung oder Nichtbeachtung einer Vorschrift des Regulativs, sofern nicht nach dem Zoll-Straf-Gesetz vom 23. Januar 1838 höhere Strafe eintritt, mit einer Ordnungsstrafe von 1 bis 10 Thlr. geahndet werden soll.

2) Das R. d. F. M. v. 28. August 1846. Centr.-Bl. p. 251 enthält einige nähere Bestimmungen hinsichtlich der Behandlung des Gütertransportes und der Waarenabfertigung auf dem innerhalb des Zollvereinsgebiets belegenen Theile des Rheins und seiner conventionellen Nebenflüsse, mit Bezug auf das diesen Gegenstand im Allgemeinen betreffende Regulativ vom 15. December 1841 und die Instruction von demselben Tage. Centr.-Bl. 1842. p. 2.

Nach diesem Regulativ ist das Duplicat des Manifestes oder die Declaration, welche der Schiffsführer dem Grenzzollamte zu übergeben hat, als verbindliche Declaration anzusehen, und es werden unrichtige Angaben in derselben, in strafrechtlicher Beziehung, nach den Resultaten der Untersuchung beurtheilt, welche in Fällen der Abweichung des Revisionsbefundes von der Declaration am Bestimmungsorte jedesmal eingeleitet werden muß. Verletzungen des Schiffsverschlusses, welche ohne Verbindung mit anderen, höher zu bestrafenden Vergehen Statt gefunden haben, werden, wenn nicht glaubhaft nachgewiesen werden kann, daß sie durch Zufall entstanden, mit Ordnungsstrafen bis zu 100 Thlr. (175 Fl.) geahndet. §. 13.

Im Falle einer Verletzung des Schiffsverschlusses hat das Hauptamt im Bestimmungsorte, bei der ihm ohnehin obliegenden Revision der Ladung, den Fall zugleich auch in Beziehung auf die Identitätsfrage sorgfältig zu prüfen, die Momente, welche bei Beurtheilung dieser Frage in Betracht kommen, zusammenzustellen, und sofort an den Provinzial-Steuer-Direktor erschöpfenden Bericht zu erstatten, welcher über die Folgen der Verletzung in Beziehung auf den Gefällepunkt zu entscheiden, auch zu bestimmen hat, ob und wiefern in strafrechtlicher Beziehung eine Verfolgung eintreten soll. §. 10 der Instruct. v. 15. December 1841.

Wenn wegen anderer Zuwiderhandlungen bloß eine Ordnungsstrafe zu erkennen ist, so kann diese und die Ordnungsstrafe wegen der Verschlußverletzung in einer, das Maximum von 100 Thlr. (175 Fl.) nicht übersteigenden Summe zugleich ausgesprochen, oder auch für jedes Vergehen eine besondere Ordnungsstrafe festgesetzt werden. Die Behörden müssen bei Festsetzung von Ordnungsstrafen wegen Verschlußverletzungen den Zweck derselben gehörig im Auge haben. Sie dürfen eben so wenig durch unzeitige Nachsicht Unterschleife, Nachlässigkeiten und Sorglosigkeiten der Schiffer befördern, als durch übermäßige Strenge in Fällen, welche eine milde Beurtheilung zulassen, der wünschenswerthen allgemeinen Einrichtung der Schiffe zum Verschluß entgegen wirken. l. c.

Ergeben sich bei der Revision der Waare im Bestimmungsorte in Ansehung des Gewichts unerhebliche Abweichungen von den unberichtigten Angaben der Deklaration oder von den Berichtigungs-Erklärungen, so soll deshalb keine Verfolgung in strafrechtlicher Beziehung eintreten.

Als unerhebliche Abweichungen sind unter allen Umständen solche anzusehen, welche zwei Procent nicht übersteigen.

Bei Colli, deren Gewicht nicht über zwei Centner beträgt, sind Abweichungen bis zu 5 Procent als unerheblich zu betrachten.

Bei Colli von größerer Schwere als zwei Centner, sind Differenzen zwischen zwei und fünf Procent nur dann als unerheblich zu behandeln, wenn die betreffende Waare dem Eintrocknen, dem Anziehen von Feuchtigkeit oder dem Auslaufen besonders ausgesetzt ist.

Entstehen Zweifel darüber, ob eine Differenz als unerheblich anzusehen sein möchte, so entscheidet der Ober-Inspektor.

Dem Ober-Inspektor steht überhaupt die Befugniß zu, in allen Fällen, wo bei abweichendem Befunde, auch in Hinsicht der Waaren-Gattung, die Gefälle-Differenz den Betrag von Einem Thaler nicht übersteigt, nach billigem Ermessen das Strafverfahren zu suspendiren. § 13. l. c.

Die Hauptämter in Zwischenorten, bei welchen Unrichtigkeiten in der ursprünglichen Deklaration entdeckt werden, haben, bei Feststellung des Thatbestandes und bei den weiteren Vorkehrungen zur Sicherung des Interesses der Zollverwaltung, ein möglichst abgekürztes Verfahren einzuhalten, und darauf Bedacht zu nehmen, daß die betreffenden Waaren und die aufgenommenen Verhandlungen sobald nur immer thunlich an das, zur weiteren Behandlung der Sache competente Amt des Bestimmungsorts gelangen. §. 14. l. c.

Seite 305. **Zu §. 7 der Zoll-Ordnung vom 23. Januar 1838.**

R. d. F. M. vom 5 Juli 1846. Centr.-Bl. 1846. p. 223.

Die Zollvereins-Regierungen haben sich über eine Modification des § 7 der Zoll-Ordnung dahin verständigt, daß für augenscheinlich nicht zum Handel bestimmte zollpflichtige Gegenstände, welche die auf Dampfböten und Eisenbahnen vom Auslande eingehenden Reisenden mit sich führen, die mündliche Angabe (ohne Beschränkung auf einen gewissen Zollbetrag) als genügend angesehen werden kann.

Seite 317. **Zu §. 15. der Zollordnung.**

Das C. R. d. F. v. 27. August 1846 Centr.-Bl. 1846 p. 250 enthält nähere Vorschriften für die Behandlung der Fälle, wo sich bei auf Begleitschein I. eingehenden Waaren bei der Verwiegung eine Minus-Differenz von mehr als zwei Procent gegen das Begleitschein-Gewicht ergiebt, und verordnet daß von dem Manco nach Umständen ganz oder theilweise abgesehen werden kann, wenn nach dem Ermessen der Prov.-Steuer-Behörde aus der Untersuchung auf überzeugende Weise hervorgeht, daß das Manco nicht von Verminderung der Waare selbst herrührt.

Seite 325. **Zur Note.**

Durch das C. R. d. F. M. v. 15. Juli 1846, p. 238 sind einige zwischen den Zollvereinsregierungen verabredete Modificationen des allgemeinen Niederlage-Regulativs bekannt gemacht. Für die Orte des Zollvereinsgebietes wo sich Freihäfen befinden ist übrigens ein besonderes Niederlage-Regulativ unter den Zollvereins-Regierungen vereinbart und den Prov.-Steuer-Behörden durch das C. R. d. F. M. vom 15. Dezember 1841, Centr.-Bl. 1842 p. 69 zugefertigt worden.

Seite 327. **Zu §. 75 der Zollordnung und zu der Note.**

1) Durch die C. R. d. F. M vom 12. März 1843, 24. Januar u. 16. April 1844 (Centr.-Bl. 1843 p. 142. 1844 p. 21 u. 85) sind die Bedingungen, unter welchen von den aus französischen Häfen zu beziehenden Weinen der Zollrabatt von 20 Procent gewährt werden darf, näher bestimmt und modifizirt worden.
2) In Bezug auf die dem Großhandel mit fremden Weinen zu gewährenden Zollerleichterungen sind die bisherigen durch das Regulativ vom 24. Dezember 1824 und die dazu ergangenen späteren Bestimmungen ertheilten Vorschriften anderweit redigirt und in dem Regulativ vom 21. August 1847, Centr.-Bl. 1847 p. 124 zusammengestellt, welches an die Stelle der bisherigen in der Note No. II. mitgetheilten Bestimmungen tritt. Nach diesem Regulativ wird dem Weingroßhändler, d. h. demjenigen, welcher den Weinhandel mit kaufmännischen Rechten betreibt, kaufmännische Bücher darüber führt, den Wein in größerer Menge

für eigene Rechnung einbringt und fortdauernd ein Lager von fremden Weinen hält, dessen Umfang durch die in Anspruch genommenen Zugeständnisse bedingt wird, gewisse Erleichterungen gewährt, welche bestehen:

1. für den zum Absatze innerhalb des Zollvereinsgebiets bestimmten Wein
   a. in einem Erlasse am Eingangs-Zolle, so wie
   b. in einem fortlaufenden (eisernen) Zollkredit von einer bestimmten Menge Wein durch Bewilligung eines Privat-Kreditlagers, und
2. für den zum Absatze in das Ausland bestimmten Wein in der Bewilligung eines Privat-Transitlagers. (§. 1 u. 2 des Reg:)

Der Zoll-Erlaß beträgt entweder:

a. sechs und zwei Drittheil Procent für Abgang und Auslaufen, und wird solchen Großhändlern, welche regelmäßig ein Weinlager von mindestens 60 Orhoft Wein überhaupt — sei es vereinsländischer (mit Einschluß des inländischen) oder fremder Wein — oder von 25 Orhoft fremden Weins halten, dann gewährt, wenn sie gewöhnlichen Wein in einer Menge von zehn Orhoft, oder feinen Wein, als: Kap-, Malaga-, Madeira-, Muskat-, Xeres-Wein und alle andere Sorten Wein, welche beim Einkaufe einen höhern Werth als Einhundert und Funfzig Thaler für das Orhoft haben, in einer Menge von vier Orhoft entweder aus dem Auslande einführen oder aus einer Packhofs-Niederlage beziehen; oder

b. zwanzig Procent für Abgang, Auslaufen, Einzehrung und Satz, und wird denjenigen Großhändlern, welche regelmäßig ein Weinlager von mindestens 120 Orhoft Wein überhaupt — sei es vereinsländischer (mit Einschluß des inländischen) oder fremder Wein — oder von 50 Orhoft fremden Weins halten, dann bewilligt, wenn sie auf einmal wenigstens zwanzig Orhoft Wein unmittelbar aus dem Lande des Ursprungs einführen. (§. 3 bis 5 l. c.)

Der fortlaufende (eiserne) Zollkredit besteht darin, daß, in Folge der Bewilligung desselben und so lange diese dauert, für eine dem Umfange des Lagers angemessene Weinmenge nicht nur die Verzollung, sondern auch die Feststellung des Zollbetrages ausgesetzt bleibt und erstere, wenn sie späterhin erfolgt, nach dem alsdann gültigen Zolltarife zu leisten ist.

Von allem Wein, welchen eine Handlung über den ihr bewilligten eisernen Kreditbetrag hinaus einführt, muß, in sofern nicht zeitweise eine Erhöhung dieses Kreditbetrages zugestanden wird, der Eingangs-Zoll sofort entrichtet werden, wobei jedoch die Bewilligung des gewöhnlichen Geldkredits (nach den dafür bestehenden Vorschriften) nicht ausgeschlossen ist.

Nur solchen Weingroßhändlern, welche regelmäßig ein Lager von mindestens Einhundert und Funfzig Orhoft fremden Weins zum Absatze im Vereinsgebiete halten, kann ein fortlaufender (eiserner) Kredit bewilligt werden. (§. 9 u. 10 l. c.)

Für den bewilligten Kredit muß Sicherheit nach den Vorschriften für den Geldkredit geleistet, auch von dem Inhaber des Weinlagers mittelst gerichtlicher Erklärung die Verpflichtung übernommen werden, das Lager während der Dauer des Kredits keinem Dritten zu verpfänden.

Die Keller und sonstigen Aufbewahrungsorte, sowie deren Veränderungen müssen der Steuerbehörde jedesmal schriftlich angemeldet werden. (§. 13 u. 14. l. c.)

Wein-Transitläger sind unverzollte Privatläger an Orten, denen das Niederlagerecht bewilligt ist, für solche, zum Absatze nach dem Auslande bestimmte Weine, welche — weil dieselben einer Behandlung bedürfen oder weil es an geeigneten Räumen in der öffentlichen Niederlage fehlt, — nach §. 60 der Zoll-Ordnung vom 23. Januar 1838 und den Bestimmungen des für den Ort bestehenden besonderen Packhofs-Reglements, von der Aufnahme in die Packhofs-Niederlage ausgeschlossen sind.

Nur denjenigen Weinhandlungen wird ein Wein-Transitlager bewilligt, welche einen beständigen Lager-Vorrath von wenigstens zweihundert Oxhoft fremden Weins zum Absatze in das nicht zum Zollvereine gehörige Ausland halten. Dabei müssen die Maaßregeln beobachtet werden, welche die Steuerbehörde in jedem einzelnen Falle, zum Schutze gegen Mißbrauch, anzuordnen für nöthig findet.

Insbesondere aber müssen die Räume, in welchen unverzollter Wein lagert, völlig abgesondert und wohl verschließbar sein. (§. 19 bis 21. l. c.)

Bei den Transitlägern wird eine Vergütung für den, durch Satz, Auslaufen und Einzehren entstehenden Verlust dadurch gewährt, daß der bei der jährlichen Aufnahme des Bestandes gegen den Soll-Bestand sich ergebende Ausfall als ein durch die vorgedachten Ursachen entstandener Abgang betrachtet und vom Lager-Conto abgeschrieben wird, in sofern solcher Zehn Procent des Soll-Bestandes nicht übersteigt. Ist der Ausfall größer, so muß von dem Mehrbetrage der Eingangs-Zoll entrichtet werden. (§ 29. l. c.)

Weinhändler, welche das in sie gesetzte Vertrauen mißbrauchen und Zoll-Defraudationen oder sonstige Handlungen zum Nachtheil des Steuer-Interesse entweder selbst begehen oder dabei Anderen behülflich sind, trifft, außer der zur Anwendung kommenden gesetzlichen Strafe, der Verlust der Befugnisse und Vortheile, welche das gegenwärtige Regulativ gewährt.

Die letzte Folge haben auch Diejenigen zu gewärtigen, welche den Vorschriften dieses Regulativs zuwider handeln oder die darin aufgestellten Bedingungen nicht erfüllen. (§. 34. l. c.) *)

---

*) Zur Ausführung dieses Regulativs ist von dem Fin.-Minist. eine besondere Instruktion vom 21. August 1847 erlassen (Centr.-Bl. 1847, p. 129), welche die näheren Anweisungen für die Steuerbeamten zur Behandlung des Gegenstandes enthält u. im §. 25 besonders anordnet, daß alle Kosten, welche entstehen, um einzelne Weinhändler in den Genuß der durch das Regulativ zugestandenen Vor-

Seite 364. **Zu III. den Zolltarif betreffend.**

1) Mittelst Kab.-Ordre vom 10. October 1845 (G. S. 1845, p 605) ist der für die Jahre 1846, 1847 und 1848 gültige Zolltarif publicirt und den Prov.-Steuer-Behörden durch das C. R. d. F. M. vom 14. November 1845 (Centr.-Bl. 1845, p. 280) mitgetheilt.

2) Modificationen des Zolltarifs und der darin enthaltenen Zollsätze sind eingetreten durch:
a. die Kab.-Ordre vom 10. October 1845, G. S. 1845 p. 655.
b. den Vertrag vom 16. October 1845, G. S. 1845 p. 707.
c. die Kab.-Ordre vom 24. November 1845, G. S. 1845 p. 748.
d. die Kab.-Ordre vom 28. October 1846, G. S. 1845 p. 465.
e. das C. R. d F. M. vom 12. Juni 1847, Centr.-Bl. 1845. p. 73.

Zu vergleichen sind auch die oben zur Seite 283 mitgetheilten Kab.-Ordres vom 1. Juli 1844 und 25. Juni 1847.

Seite 369. **Das amtliche Waarenverzeichniß betreffend.**

Das C R. d. F. M. v. 21. December 1845, Centr.-Bl. 1816 p. 3, theilt das amtliche Waarenverzeichniß zu dem Zolltarife pro 1846/8 mit, und enthält zur Beachtung für die Steuerbeamten bei der Abfertigung mehrere erläuternde Bestimmungen, sowohl zum Zolltarif wie zum Waaren-Verzeichnisse. Ein Nachtrag zu dem letzteren ist mit dem C. R d. F. M. vom 16. November 1846, Centr.-Bl. 1846 p. 315, ergangen.

Seite 385. **Zu §. 83 des Zollstrafgesetzes.**

Vergleiche das zur Seite 134 §. 93 c. der Steuerordnung mitgetheilte R. d. F. M. v. 23. September 1846.

Seite 398. **Zur Uebereinkunft vom 1. Novbr. 1837.**

1) Zwischen Preußen, Braunschweig und den übrigen Staaten des Zollvereins einerseits und Hannover und den übrigen Staaten des Steuervereins andererseits ist unter dem 16. October 1845. (G S. 1845 p. 289) eine anderweite Uebereinkunft zur Unterdrückung des Schleichhandels getroffen werden, welche mut. mutand. dieselben Bestimmungen enthält wie die oben allegirte.

---

theile zu setzen, als: Gebühren der Sachverständigen, Kosten der Sicherheitsbestellung, für den Mitverschluß der Läger u. s. w., von den Weinhändlern getragen werden müssen.

2) Eine ähnliche Uebereinkunft zur Unterdrückung des Schleichhandels ist zwischen dem Zollvereine einerseits und Belgien andererseits unter dem 26. Juni 1846 (G. S. 1847. p. 5.) getroffen worden. In dieser Uebereinkunft verpflichten sich die contrahirenden Theile wechselseitig die dem anderen contrahirenden Theile angehörigen Unterthanen, welche den Verdacht des Schleichhandels wider sich erregt haben, innerhalb ihrer resp. Gebiete überwachen zu lassen.

Demzufolge sollen Unterthanen des anderen contrahirenden Theils, wenn sie Waaren ohne gesetzlichen Ausweis transportiren, beim Betreffen durch die Zoll- und Steuerbeamten angehalten und die Gesetze des Landes, wo sie betroffen worden sind, gegen sie in Anwendung gebracht werden. Wird der gesetzliche Ausweis in gültiger Form geführt, so sollen sie durch die Beamten so lange begleitet werden, bis die angemeldete Ausfuhr der Waaren, unter Beobachtung der Bestimmungen dieser Uebereinkunft, geschehen ist.

Wenn des Schleichhandels verdächtige Unterthanen des andern contrahirenden Theils zwar keine Waaren bei sich führen, aber mit regelmäßigen Pässen nicht versehen sind, so sollen sie vor die zuständige Ortsobrigkeit gebracht und von derselben, den Landesgesetzen gemäß, an die Grenze zurückgeschafft werden. (Art. 4).

Die Zoll- und Steuer-, so wie die sonst zuständigen Behörden und Beamten in den beiderseitigen Staaten werden sich wechselseitig und unter allen Umständen den verlangten Beistand zur Vollziehung derjenigen gesetzlichen Maaßregeln leisten, welche zur Verhütung, Entdeckung und Bestrafung von Zollcontraventionen dienlich sind, die gegen einen dieser Staaten versucht oder begangen werden.

Unter Zollcontraventionen werden nicht nur die Umgehungen der in den contrahirenden Staaten bestehenden Eingangs- Ausgangs- und Durchgangs-Abgaben verstanden, sondern auch die Uebertretungen der erlassenen Ein-, Aus- und Durchfuhrverbote und die verbotene Einbringung solcher Gegenstände, deren ausschließlichen Debit die Regierungen sich vorbehalten haben, wie z. B. von Salz und Spielkarten in Preußen. Hierbei versteht es sich von selbst, daß die Verbote der letztgedachten Gegenstände ohne Wirkung bleiben, wenn und soweit die Regierung des betheiligten Staates die Einbringung der gedachten Gegenstände unter gewissen Bedingungen gestattet. (Art. 9.)

Die vorgedachten Behörden und Beamten sollen insbesondere berechtigt sein, bei Verfolgung von Schleichhändlern oder von Spuren begangener Zoll-Umgehungen, sich auf das angrenzende Gebiet des andern contrahirenden Theils zu begeben, um die dortigen Behörden und Beamten davon in Kenntniß zu setzen, wonach die letzteren sofort alle erforderlichen gesetzlichen Mittel anzuwenden haben, welche zur Feststellung und Bestrafung der versuchten oder begangenen Zoll-Umgehungen führen können. (Art. 11).

Der im Artikel 9 erwähnte Beistand der Behörden beider Theile zur Entdeckung oder Unterdrückung der Zoll-Contraventionen begreift namentlich das Sammeln aller Beweismittel bezüglich der vollbrachten oder versuchten Zoll-Umgehung zu dem Zwecke in sich, um deren Verfolgung durch die Gerichts-Behörde des Landes, in welchem sie begangen worden ist, zu erleichtern. In Folge dieses Grundsatzes können die Zoll- und Steuerbeamten des einen Theils durch Requisition ihrer vorgesetzten Behörde von Seiten der zuständigen Behörde des anderen Theils aufgefordert werden, entweder vor letzterer selbst, oder vor der competenten Behörde ihres eigenen Landes die auf die Zoll-Umgehung bezüglichen Umstände auszusagen. (Art. 12).

Die Dauer der Uebereinkunft ist bis zum 1. Januar 1851 und demnächst im Falle der nicht erfolgten Kündigung von einem Jahre zum anderen festgesetzt. (Art. 16).

Seite 403. Zur Bekanntmachung vom 13. Dec. 1841.

C. R. d. F. M. v. 13. Juli 1846. Centr.-Bl. 1846. p. 238.

Einer Uebereinkunft unter den Zollvereins-Staaten gemäß wird von Fruchtsäften, denen Branntwein nur zum Zwecke der Erhaltung beigemischt ist, keine Uebergangs-Abgabe erhoben.

Nachtrag.

Während des Druckes erging

das R. d. J. M. v. 15. Novbr. 1847. J. M. Bl. 1847. p. 344. welches in Bezug auf das (oben Seite 5) mitgetheilte Gesetz vom 8. April 1847 Competenz-Conflicte betreffend, bestimmt:

Die Entscheidung des im §. 1 erwähnten Gerichtshofes sei nach §. 13 in formeller Beziehung durch den Ablauf einer dem betheiligten Verwaltungs-Chef vorgeschriebenen präclusivischen Frist von acht Wochen bedingt. Diese Frist laufe von dem Tage, an welchem der Verwaltungsbehörde die zuletzt eingegangene Erklärung der Parteien, oder das Benachrichtigungs-Schreiben des Gerichts, daß keine solche Erklärungen eingegangen, zugestellt worden ist. Es müsse also nicht nur der Ablauf der Frist, welche der Partei zur Erklärung über den Competenz-Conflict bestimmt worden ist, zu den Akten angezeigt, sondern auch in beiden Fällen, wenn eine Erklärung und wenn keine eingegangen sei, der Tag der im §. 6 vorgeschriebenen Mittheilung der Erklärung an die betreffende Verwaltungsbehörde, oder in deren Ermangelung der vorgeschriebenen Benachrichtigung, zu den Akten bescheinigt sein.

Die Anwendung auf das in der Rheinprovinz zu beobachtende Verfahren ergebe sich aus dem §. 8 des Gesetzes von selbst.

Chronologisches Register.

Seite

1834.

Instr. v. 30. Juni 83

1841.

Kab.-Ordre v. 24. März 71
Regul. v. 15. Decbr. 100
Instr. v. 15. Decbr. 101

1842.

Kab.-Ordre v. 15. April 3
C. R. d. F. M. v. 15. Decbr. 102

1843.

C. R. d. F. M. v. 12. März 102
R d. M. d. J v. 27. Novbr. 3
C. R. d. F. M. v. 12. Decbr. 69
R d. F. M. v. 26. Decbr. 66

1844.

R. d. J. M. v. 8. Januar 85
C. R. d. F. M. u. M. d. J. v. 21. Januar 66
C. R. d. F. M. v. 24 Januar 102
Bekanntm. v. 8. Febr. 29
R. d. J. M. v. 12. Febr. 3
C. R. d. M d. J. v. 13. Febr. 67
Regul. v. 1. April 87
C. R. d. F. M. v. 16. April 102
Kab.-Ordre v. 19. April 86

Seite
C R. d. F. M. v. 20. April 99
Kab.-Ordre v. 26. April 69
C. R. d. F. M. v. 12. Mai 87
Kab.-Ordre v. 25. Mai 70
R. d. J. M. v. 29. Mai 85
R d. F M. v. 4. Juni 84
Kab.-Ordre v. 1. Juli 89
Kab.-Ordre v. 5. August 71
R. d. J. M. v. 12. Aug. 76
Kab -Ordre v. 14. Septbr. 72
J M.R. v 16. Septbr 73
R. d. J. M. v. 20. Septbr. 72
C. R. d. F. M. v. 1. Octbr. 100
Kab.-Ordre v. 8. Novbr. 87
C R d. F. M. v 13. Novbr. 87
J.M.R v. 23. Novbr. 79
C. R. d. F. M v. 7. Decbr. 23

1845.

C. R d. F. M. v. 15. Januar . . . . 64 u. 65
Gewerbe-Ordnung v. 17. Januar . . . . 31 sq.
Gesetz v. 17. Januar 33
C. R. d. F. M v. 17. Januar 64
Kab.-Ordre v. 24. Januar 30
C. R. d. F. M. v. 7 Febr. 29
R. d. J. M. v. 7. Febr. 83
R. d. F. M. v. 8. Febr. 82
R. d. F. M. v. 22 Febr. 70
R. d. J. M. v. 25. Febr. 4
C. R. d. F. M. v. 3. März 98
C. R. d. F M. v. 2 April 98
R d. F. M v. 15. April 78
C. R d. F. M. v. 30. April 67
R. d. F. M. u M. d. J. v. 12. Juni 42
C. R. d. F. M. v. 19 Juni 98
Verordnung v. 30. Juni . . . . 8 sq.
C. R. d. F. M. v. 6. Juli 69
R. d. M. d. F. u. d. J. v. 15. Juli 8
Instruct. v 15. Juli . . . . 8 sq.
R. d. J M. v. 17. Juli 85
C R. d. F M. v. 2. August 85
R, d. F. M u. M. d. J. v. 28. August 63
Kab.-Ordre v. 10. Octbr. 105
Vertrag v. 16. Octbr. 105
Münzcartel v. 21. Octbr. 99
R. d. F. M. v. 5 Novbr 69
Bekanntm. d. F. M. v. 9. Novbr. 98

Seite
C. R. d. F. M. v. 14. Novbr 105
C. R. d. F. M. v. 15. Novbr. 29
Kab.-Ordre v. 24. Novbr. 105
C. R. d. F. M. v. 21. Decbr. 105

1846.

R. d. F. M. u. M. d. J. v. 23. Januar 34
Regul. d. F. M. v. 31. Januar 100
R. d. F. M. u. M. d. J. v. 22. Febr. 60
C. R. d. F. M. v. 31. März 31
R. d. M. d. J. v. 31. März 68
C. R. d. F. M. v. 21. April 86
R. d. F. M. v. 4. Mai 64
R. d. F. M. v. 17. Mai 88
Vertrag v. 26. Juni 106
R. d. F. M. v. 5. Juli 101
C. R. d. F. M. v. 13. Juli 107
C. R. d. F. M. v. 15. Juli 102
Gesetz v. 21. Juli 79
Kab.-Ordre v. 7. August 3
Verordnung v. 7. August 89
C. R. d. F. M. v. 7. August 89
Instr. d. F. M. v. 7. August . . . . .89 sq.
Kab.-Ordre v. 14. August 83
C. R. d. F. M. v. 27. August 102
Kab. Ordre v. 28. August 72
R. d. F. M. v. 28. August 100
R. d. M. d. J. v. 8. Septbr. 68
J.M.R. v. 23. Septbr. 69
Kab.-Ordre v. 26. Septbr. 99
Kab.-Ordre v. 5. Octbr. 3
Kab.-Ordre v. 28. Octbr. 105
Kab.-Ordre v. 16. Novbr. 67
Bekanntm. d. J. M. v. 3. Decbr. 3
C. R. d. F. M. v. 24. Decbr. 86

1847.

R. d. M. d. J. v. 17. Januar 88
C. R. d. F. M. v. 21. Januar 79
Kab.-Ordre v. 8. Febr. 3
C. R. d. F. M. v. 14. März 63
Gesetz v. 8. April 5
R. d. F. M. u. M. d. J. v. 13. April 34
R. d. M. d. J. u. d. F. v. 15. April 68
J.M.R. v. 27. April 75
R. d. J. M. v. 6. Mai 3

	Seite
R. u. Bekanntm. d. F. M v. 22. Mai	69
R. d. F. M. v. 28. Mai	64
C. R. d. F. M. v. 12. Juni	105
Kab.=Ordre v. 25. Juni	89
C. R d. F. M. v. 7. August	82
Regul. v. 21. August	104
Instr. v 21. August	104
Kab.=Ordre v. 10. Septbr.	3 u. 4
Bekanutm. d. J. M. v. 2. Octbr.	3

Gedruckt bei C. Feister.

FSC
www.fsc.org
MIX
Papier | Fördert
gute Waldnutzung
FSC® C083411

Kolibri 360 GmbH
Ferdinand-Jühlke-Straße 7
99095 Erfurt, Deutschland
produktsicherheit@kolibri360.de